巴菲特内部讲话

巴菲特九十年来关于投资与人生的智慧箴言

孙力科◎编著

文化发展出版社
Cultural Development Press

图书在版编目（CIP）数据

巴菲特内部讲话 / 孙力科编著 .— 北京 ：文化发展出版社，2020.8

ISBN 978-7-5142-3069-7

Ⅰ. ①巴… Ⅱ. ①孙… Ⅲ. ①巴菲特（Buffett, Warren 1930- ）—投资—经验 Ⅳ. ①F837.124.8

中国版本图书馆 CIP 数据核字（2020）第 131534 号

巴菲特内部讲话

编　　著：孙力科

责任编辑：侯　铮

产品经理：杨郭君

出版监制：白　丁

出版发行：文化发展出版社有限公司（北京市翠微路 2 号）

网　　址：www.wenhuafazhan.com

经　　销：各地新华书店

印　　刷：三河市冀华印务有限公司

开　　本：700mm×980mm　1/16

字　　数：173 千字

印　　张：16

版　　次：2020 年 9 月第 1 版　2020 年 9 月第 1 次印刷

I S B N ：978-7-5142-3069-7

定　　价：45.00 元

本书若有质量问题，请拨打电话：010-82069336

目 录

前 言

谈论巴菲特一直都是不容易的话题，写关于巴菲特的书更是困难，因为人们对他太了解了，无论是崇拜者、研究者、追求者、模仿者、批评者，都可以轻轻松松就说出一个“典型的巴菲特形象”，谁都可以轻易说出他的许多故事。他是一个天才的投资家，是一个伟大的慈善家，是一个掌控着几千亿美元财富的资本巨鳄，是一个喜欢喝可口可乐的另类老头……

人们可以轻易说出巴菲特将卖报纸积累下来的9800美元，运用出神入化的投资方式变成800亿美元巨额财富的故事；可以轻易描述巴菲特在投资市场上那些神来之笔以及在奥马哈的“魔术式表演”；也可以清晰地说出巴菲特的投资原则以及他在年会上谈到的那些投资格言；可以谈论最近几年日益火爆的巴菲特午餐。

关于巴菲特的一切，几乎都是被放在镁光灯下供人们欣赏和解读的，世界上关于巴菲特的书数不胜数，关于巴菲特的各种信息也在不断更新，这种单点信息爆炸让所有试图重新描述或者还原巴菲特的人都感到为难，因为自己所提供的所有信息可能都是别人已经烂熟于心了的。

另外一个问题在于，人们对于巴菲特的了解正在走向另外一个极端，与狂热的崇拜者相对立的立场，就是那些疯狂贬低巴菲特的人，他们觉得巴菲特只是传统资本时代的产物，他已经成为过去时了，无论是对互联网、对科技、对数字货币、对航空航天的困惑，还是对一些特殊经济工具的排斥，都使得巴菲特成为部分人眼中的“老古董”。

另外一位著名投资人吉姆·罗杰斯在谈到外界对巴菲特的质疑时，出言讥讽：“就算他们说的都是对的，那又怎么样？巴菲特先生给他自己和他的股东赚了那么多钱，难道他们投资比巴菲特还厉害吗？我的意思是，那又怎么样？我们都错过了很多东西，那又怎样？我猜想那些批评的人都没有投资过什么好的东西。世界上永远都有更聪明的人，如果这样，他们才有资格对巴菲特先生的决定指手画脚。如果有人是世界上最聪明的人，那么他们有资格批评任何一个人。这些批评巴菲特先生的人听起来就像世界上最聪明的人一样。”

很多人将巴菲特管理下的伯克希尔公司比喻成“一只大黄蜂”，物理学法则表明，大黄蜂因为自身的体重太大、翅膀面积太小、扇动翅膀的速度太慢，以至于科学家质疑大黄蜂无法飞起来，但事实上大黄蜂不仅能飞，而且飞的速度远远超过一般蜜蜂。伯克希尔公司也是一样，大家觉得巴菲特“僵化的”“落后的”投资理念与伯克希尔的业务缺乏效率，就像主营业务保险业一样，它在投资和经营当中缺乏更大的吸引力，而伯克希尔本身还处在高度多元化体制下，这种多元的、分散的子公司模式会拖垮伯克希尔。此外，也没有人敢像巴菲特这样将伯克希尔公司所有的资金都用于再投资，这是极度危险的。一些人还谈到了各公司负责人和经理各自为战也会分裂整个公司。但巴菲特还是带着伯克希尔公司飞了起来，而且飞到了投资界的巅峰。

外界对巴菲特的质疑从未消失，这种质疑从20世纪90年代到2010年，再到2020年，始终没有停止。甚至于出现了这样一个令人感到疑惑的现象，那就是在过去几十年，华尔街几乎不怎么关注伯克希尔，他们从来没有将伯克希尔公司的股票放在眼里，几乎没有任何证券分析师有兴趣跟踪这些股票，股票经纪人也没有打算向其他人推荐它们，媒体也很少报道伯克希尔公司的股票。但是巴菲特依然将自己的商业帝国打理得有声有色，伯克希尔公司仍旧是全世界最成功、最具投资创造力和最具发展潜力的投资公司。巴菲特曾经对企业的发展做出过总结：2019年，伯克希尔向美国财政部缴纳了36亿美元的所得税。同期，美国政府从企业所得税中征收总计2430亿美元。从这些数据来看，你可以为伯克希尔感到骄傲了，你拥有的公司交付了全美企业缴纳的联邦所得税的1.5%。

无论是过分追捧，还是过分贬低，都无法掩盖这样一个事实，“55年前，当伯克希尔·哈撒韦公司刚开始发展时，该公司没有缴纳任何联邦所得税（这也是有原因的：在过去10年里，这家苦苦挣扎的公司一直在亏损）。从那以后，由于伯克希尔几乎保留了所有收益，这项政策的受益者不仅是公司的股东，还包括联邦政府”。

只要看到伯克希尔公司的发展和变化，就可以意识到巴菲特多么优秀，如果没有他，这家以纺织业起家的公司早就倒闭了。比尔·盖茨对于巴菲特的商业能力和投资思维非常赞赏，他觉得巴菲特虽然经历了几十年的投资生涯，但是很多投资理念和管理理念直到今天也没有过时，这些理念主要源于他对商业本质的精准认知和把握。1997年11月，《浮华世界》杂志将巴菲特评选为世界上最具影响力的人物之一，当时杂志给出的评价是“他的最大任务就是控制他的影响力”。

需要注意的是，巴菲特并不是一个完人，他也会犯错，也会看走眼，失去绝佳的投资机会，比如巴菲特错过了谷歌公司。在他与比尔·盖茨相识的1991年，盖茨就为巴菲特提供了两个投资方案，一个是投资微软公司，一个是投资英特尔公司，但巴菲特以不了解科技股为由拒绝了，结果错过了挣大钱的机会。而多年以后，巴菲特又投资了苹果公司。但如果早20多年投资微软公司，或者投资了谷歌公司，那么巴菲特的身家早就和其他人拉开了几个段位，就连盖茨也不会对他形成威胁。而在IBM公司，所罗门兄弟公司的投资上，巴菲特同样不很理想。他一生有过几次失败的投资，也错过了不少优质的企业，换言之，他不是口耳相传的那个“无敌投资者”。

如果进行深层挖掘，就会发现巴菲特之所以会成为一个争议中的人物，就在于他的商业模式与众不同。许多人认为巴菲特在长期投资中挣到了许多钱，形成了稳定的商业运作模式，但实际上，巴菲特的成功首先在于他打造了一个超级盈利的商业模式，这才是巴菲特成功的核心，在这个商业模式中，他的长期投资才能发挥重要作用，才能积累更多的财富。而对于这种商业模式的打造，需要自身能力与环境变化的巧妙结合，就连巴菲特本人也承认“即便是让我自己从头再来，也很难复制当年的成功”。

关于商业模式的作用，可以举另外两个例子。第一个是苹果公司，在人们的第一印象中，苹果公司应该是一家科技公司，这样的理解并没有错，但是在很多时候，它被当成了一家互联网公司。有着“华尔街互联网女王”之称的玛丽·米克曾经制定了一张主题为“全球前二十五大互联网公司”的图表，而在这个图表中，苹果是全球互联网公司中的第一位，换言之，它被认定为全球第一大互联网公司。这样的称号和定性似乎让很多科技迷感到疑惑，为什么苹果公司会是一家互联网公司呢？看看苹果公司的电脑产品、手机产品，就会发现，虽然它们科技感十足，但是真正建立商业生态圈的却是互联网产品和工具，iTunes和App Store无疑为苹果公司的盈利奠定了坚实的基础。从这个角度来看，苹果公司真正走向成功的原因在于把握住了互联网发展趋势，它选择的互联网商业模式打开了软件应用的商业市场。

还有一个“另类”就是麦当劳，估计大部分人都觉得麦当劳就是依靠汉堡、可乐和薯条之类的快餐来实现全球扩张以及盈利的，如果真的这么想就大错特错了，因为汉堡、可乐以及薯条的利润非常有限，根本不足以支撑起如此庞大的商业帝国。成功的秘诀在于房地产，这才是麦当劳成功的关键，当麦当劳在某个市场上扩张时，就会租赁或者购入一大批地产，然后建立起自己的生态圈。依靠着麦当劳的品牌影响力，它可以在短时间内就将周边的地价炒高，建立商业街甚至是商业城，这个时候就可以安心地出租和出售房产了。

从某种意义上来说，打造一个出色的商业模式是企业走向成功的保障，而只有少数伟大的企业能够做到这一点，只有少数精英级别的投资者能够打造这样的商业模式，巴菲特就是其中的佼佼者，将一家濒临倒闭的纺织企业变成一家投资公司，通过不断地收购优秀的公司和买入优秀公司的股票，伯克希尔实现惊人的商业扩张。这套商业模式是以保险为前提的，保险公司提供了低成本的无限现金流，依靠这笔钱投资一些有潜质的股票，巴菲特基本实现了无风险套利。正是依靠这套商业模式，巴菲特才能够最大化地将自己的长期投资策略以及艺术发挥出来。这个世界上有很多优秀的长线投资者，但是很少有人像巴菲特这样有耐心，也没有人获得巴菲特这样的成就，原因就在于商业模式的不同，没有这样的商业模式打底，投资者不敢承担长期投资带来的股价波动风险，也无法更好地调动资金进行投资。巴菲特在一些股票的选择和优质企业的投资上，所展现出来的操作方法和策略、操作的基本理念，以及一些投资思维，都是非常有价值的，但只有先了解他的商业模式，才能更好地理解他的长线操作理论，才能更加合理地学习和借鉴这些理念。

正因为如此，在写本书的时候，作者有意识地在前言中描述了巴菲特的商业模式，在谈到杠杆时也讲述了这种商业模式，然后在这个基础上描述他的长线操作理念和理论，这样就可以让读者更好地了解巴菲特的投资，也能更好地理解巴菲特的长线投资策略。本书的架构比较简单明了，以巴菲特的内部讲话为引子，基本上描述了巴菲特的选股策略、操作模式以及决策理念，并且加入了一些企业管理和自我管理的章节，从而让整个长线操作理念更加丰满，也让巴菲特的投资者形象更加鲜明。书中的语言风格比较朴实，对于一些较为复杂的专业术语也进行了简单化处理，尽可能地确保读者可以理解书中的意思。

第一章

巴菲特的经营选择——找到一家优秀的企业

巴菲特的投资重点就是寻找那些优质企业，对于优质企业的青睐和选择让伯克希尔变得更加出色，正如巴菲特所说："我们始终在寻找那些业务清晰易懂、业绩持续优异、由能力非凡并且为股东着想的管理层来经营的大公司。这种目标公司并不能充分保证我们投资盈利：我们不仅要在合理的价格上买入，而且我们买入的公司的未来业绩还要与我们的预测相符。但是这种投资方法——寻找超级明星——给我们提供了走向真正成功的唯一机会。"

重点抓住那些高净资产收益率和低市盈率的企业

“如果非要我用一个指标进行选股，我会选择ROE（净资产收益率），那些ROE能常年持续稳定在20%以上的公司都是好公司，投资者应当考虑买入。”

——巴菲特

净资产收益率是企业净利润与净资产的比值，许多企业和投资人在评估自己的投资是否合理时，常常以利润作为考核标准，觉得标的投资的利润更高，获得的资产更高，就表明投资越成功，而巴菲特却认为单纯的利润并不能真正反映出标的公司是否优质，也不能真正反映企业的盈利能力。巴菲特喜欢将净资产收益率当作考核的标准，并且认为那些净资产收益率常年维持在20%左右的企业都是优质企业。

假设某人在繁华的闹市区开一家小饭馆，初始的装修、厨师、房租以及基本的厨具和桌椅，总共花费了大约100万元。一年之后，扣除了所有的成本消费之后，盈利为20万元。这个时候，就可以得出净资产收益率为20%。对于一家小饭馆来说，如果第一年就获得20%的回报，那么表明饭馆的生意还不错。饭馆可以用这20万元的净利润进行店面扩充，或者招聘更好的厨师。在几年之后，还可以扩充一家分店。一旦之后的几年，净利润和净资产的比例都在20%左右，那么这家饭馆的盈利就非常不错。

反过来说，如果投资了100万元，而最终的收益是负数，那么就意味着生意在亏本，那么饭馆想要扩大生意规模或者开分店都不太可能。从这个角度来说，净资产收益率是一个反映企业盈利能力的重要指标，它表明企业可以通过相对少的净资产来创造很高的净利润。而巴菲特之所以愿意投资净资产收益率为20%甚至更高的企业，就在于这样的企业在盈利方面表现出了更大的潜力。

那些能长期维持高净资产收益率的企业，往往在某方面具有巨大的竞争优势，比如它们可能拥有优秀的管理层，拥有一些强悍的专利技术，拥有特许经营权，拥有行业内的先发优势或者规模优势，拥有更好的团队以及创新能力，正是这些特殊的资源使得企业可以在竞争中保持优势，保持较高的净资产收益率。

比如国内某企业承诺每年都要将收入的10%投入到研发当中，这笔资金的规模可能在100亿美元到150亿美元，这么多的资金涌入研发部门，无疑会带动内部的创新研发，会提高企业的专利技术，而这最终又会产生超过25%的净资产收益率。像诺基亚公司，曾经也是世界上最优秀的科技公司之一，可是现在的投入和产出都很少，甚至在很多重要项目上面临亏损，企业的净资产收益率很低，根本无法引起国际投资者的兴趣。

通常来说，净资产收益率高的行业都有较稳定的盈利，像保险、银行、饮料、食品、医药、家电，都属于净资产收益率较高的行业。在中国，从2008—2018年，只有9家企业连续10年的净资产收益率超过了20%，这些公司的股价都在大涨，其中格力电器上涨了大约789%，贵州茅台上涨了351%，海康威视上涨了847%，华东医药上涨了821%。可以说，高净资产收益率就是价值投资以及复利投资的关键保障。

除了净资产收益率之外，巴菲特看重的另一个要素就是市盈率，市盈率是股价除以年度每股盈余得出的结果，假设某公司的股价上升为50美元/股，而年度每股的盈余为5美元，那么市盈率就是10倍；如果年度每股的盈余为2美元，那么市盈率就是25倍。当市盈率为10倍的时候，意味着付出10美元，才能获得5美元的盈利。而市盈率25倍时，投资者需要花费25美元，才能创造2美元的收益，在考虑股价不发生涨跌的情况下，投资者需要花费25年才能收回成本。从这一个角度来分析，市盈率越低，投资者承担的风险越低，盈利空间也越大。

巴菲特之所以看重市盈率低的企业，主要是因为这类企业的购入成本更低一些，不过在实际的操作中，巴菲特还是会谨慎处理，会以动态的眼光看待市盈率。他购入的股票基本上都是市盈率在16倍左右，极个别会达到20倍。在伯克希尔内部经理以100倍市盈率购入亚马逊公司的股票时，巴菲特仍旧认为这是一笔价值投资，而价值并不一定都是要求低市盈率的。真正重要的是，巴菲特并不总是单独将低市盈率当成万能的参考标准，在投资时，他往往会将高净资产收益率和低市盈率结合起来，高净资产收益率代表了企业的盈利能力，而低市盈率表明可以用更少的钱购买企业股票，这样就符合了巴菲特低价收购高价值的策略。

巴菲特对于高净资产收益率企业的把握实际上代表了投资的一个理念，比如在A股市场，高净资产收益率和低市盈率的投资在过去10年产生的净值涨幅为246%，这样的成绩表明巴菲特在A股市场同样可以挣到很多钱，也表明很多投资者本身也青睐这种投资策略，尤其是对那些长线投资者来说，高净资产收益率与低市盈率是一个非常高效的策略，当两者不能完美统一时，其中要坚持以高净资产收益率为主，低市盈率为辅，因为前者才是决定企业是否能够带来盈利和回报的关键要素。

投资的关键在于找到公司的内在价值

“如果我们能够洞悉任何企业的未来——比方说——100年或者企业灭亡时在企业和股东之间的现金流入以及现金流出，然后以适当的利率——这个我等会再谈——将其折现到现在，我们就会得到内在价值的数值。”

——巴菲特

伯克希尔公司曾经投资了美国广播公司，这家广播公司旗下拥有很多刊物，但是这些产品根本没有太大的竞争力，在竞争对手面前几乎毫无还手能力。巴菲特和查理·芒格都觉得这些刊物非常业余，根本不能够体现出产品应有的信息传播价值。反而是伯克希尔公司旗下的《越野摩托》受到了欢迎，这种受欢迎的表现本质上其实就是企业以及产品价值的体现，它为观众传达了专业的、可靠的消息，而不是一些肤浅的信息。查理·芒格曾经打趣说《越野摩托》有些弱智，并且认为它的读者是一群“喜欢参加巡回比赛，在比赛时开着摩托车翻跟头的傻子”，但就连他也不得不承认巴菲特的投资眼光，因为这样一份杂志正是摩托车爱好者最看重的东西，这份杂志的内在价值是其他同类型刊物无法比拟的，可以说专业性成为这份杂志的实质价值重点突出的前提。

在投资可口可乐公司以及苹果公司的时候也是如此，巴菲特认为可口可乐以及苹果公司拥有强大的内在价值，这些价值是其他绝大多数公司无法比拟的，无论是可口可乐在可乐领域内的专业性，还是苹果公司在电子科技领域内的业绩和战略规划，都表现出了强大的发展潜力。这两家公司的现金流以及发展形势也是非常突出的，这些都坚定了巴菲特的选择。

寻找并挖掘公司的内在价值是巴菲特投资和收购的基本前提，他绝对不会盲目地花钱购买任何一家公司，面对任何一个潜在的收购对象与投资对象时，他都会坚持先估算公司的内在价值，然后根据这个内在价值来做出决定。对他来说，找出那些看上去非常优秀的公司不能仅仅凭借感觉，也不能仅仅看对方公司的财务报表，而应该想办法找到合理的、科学的评估方式。

许多公司以及投资人在投资之前往往会看重非常漂亮的财务报表，会看重这家企业的规模以及相关的产品，有时候也会看重自己投入的成本是多少，却很少将内在价值纳入到考量范围。比如一家公司在收购另外一家公司的时候，许多人可能会看重对方开出的价格，会看重这家公司的财务报表，但无论是价格还是财务报表都可以作假，这对购买者来说是一个巨大的风险。

有许多公司在收购其他企业之后明显放缓了发展的脚步，甚至整个产业都受到了拖累，原因就在于收购的时候缺乏明确的估值，只是单纯地打算花最少的钱买到最大的体量。又或者是因为他们错误地估计了这家公司的价值，被财务报表上的那些漂亮数字给打动了。这些都在影响他们做出错误的判断。企业的价格是可以被无限放大的，但企业的内在价值通常都处在一个比较稳定的水平上，不可能因为外在的装饰和谎报，就达到一个很高的高度，从某种意义上来说，只有把握住公司的内在价值，才能够真正在投资中获益，或者避免做出错误的操作。

而对于公司实质价值的估算，一般来说，很多人会建立一个未来利润和现金流模型，并把预测的现金流按10%的贴现率/折现率折现成现值。这种计算和评估方法在实际工作中具有比较大的操作难度，并不适用于一般的投资者和企业家。另外，由于想象中的投资回报往往会被分析者夸大，这样就会导致企业价值被严重高估，对于投资者来说，这是一个很大的风险。

巴菲特拥有自己的估算方式，在伯克希尔公司1992年年报《致股东的一封信》中，巴菲特谈到了几十年前约翰·威廉姆斯出版的一本《投资价值理论》，约翰·威廉姆斯当时在书中提到了一个价值计算的数学公式，即将企业价值概括为“今天任何股票、债券或是企业的价值，都将取决于其未来年度剩余年限的现金流入与流出，以一个适当的利率加以折现后所得到的期望值”。

因此巴菲特的做法是将这家公司的股票当成一种债券来估值，他说过：“企业也有息票，但这些息票是未知的。这和计算一张贴着许多息票、100年后到期的债券的价值很相似。如果你知道息票有多少，就能以适当的风险利率折现来计算它的内在价值。”

一般情况下，市场利率水平保持在10%左右，且票面利率为10%的债券通常会按票面价值出售，一旦债券的票面利率为20%，就会以两倍于票值的价格出售。假设一家公司按100元发行且每年利息为20元的债券，基本上很快就会在投资者和收购者的助推下达到200元的高价上。

如同债券一样，股票收益的一部分是现金，剩下留存部分的盈利如果还可以保持20%的净资产收益率，那么就像创造了一个以票面价格购买收益率为20%的债券的选择权，这就意味着企业每留存10元钱就会在将来多创造2元的收益，或者可以说每留存的10元钱其价值为20元。

依靠这种方式，巴菲特有效提升了自己投资的准确性，虽然它并不是一个万能的公式，而且内在价值的估算本身就不是完全合理以及完全正确的，但当人们意识到自己需要想办法获得一个更合理的方法时，对内在价值的这种评估方式仍旧应该是首选。

对于那些优秀的企业来说，投资价格有时候不是问题

“以合理的价格投资优异的公司远胜于以优异的价格投资平庸的公司。”

——巴菲特

在早年，巴菲特非常笃信老师格雷厄姆的购买“便宜货”的理念，觉得任何产品只要价格足够低，那么就值得购买。但事实上这样的投资理念被证明是不严谨的，格雷厄姆本人也是因为这种投资理念而破产。老搭档查理·芒格看出了格雷厄姆这一投资理念的狭隘性，并且认为“价格都是具有欺骗性的，它是市场变化的产物，而公司的真实价值才是投资的真相”，于是提醒巴菲特要改变策略，在老搭档的影响下，巴菲特放弃了买“便宜货”的理念，开始专注于收购和投资那些优秀的企业，丰富并完善了自己的投资思想。

有时候，巴菲特也会将目光放在那些价格几倍于价值（外在评估）

的股票上，原因很简单，他认为这样的公司拥有优秀企业的资质，拥有强大的内在价值，这类企业一般都拥有广阔的发展前景和良好的盈利空间，而且这样的一家公司基本上也拥有非常强大的管理团队。正是因为这种择优投资的原则，巴菲特开始在投资市场上势如破竹，成功打造了一家5000亿美元级别的投资公司。

其实在生活中也是一样，人们对于产品价值的判断往往不重视，或者说会将价值判断同价格分析混淆起来，认为一些产品的价钱只要非常低，那么自己入手之后一定会有利可图。在这种投资模式和消费模式中，人们的想法很简单，那就是一件产品的成本越低，自己获利的空间也就越大，听起来是这么一回事，可事实上风险却很大。

就以最常见的房地产投资来说，在2013年的时候，一些不发达省份小县城的房价维持在每平方3000元左右，相比于一线城市动辄每平方米2万~3万元的房价，小县城的房价的确非常低，但是否就意味着这些小县城的房产值得投资呢？很显然，小县城的房子除了用来住宿，根本不具备投资的价值，在2016年之后，小县城的房价可能涨到了4000元每平方米，而一线城市的房价直接上涨到了5万~6万元每平方米。一线城市的房价虽然成本很高，但是投资收益无疑更大。

投资或者购买优秀的产品，无疑要比单纯的价格优势来得更有意义，因为投资更重要的是看企业未来的发展趋势和盈利的增长空间，价格上的高低并不是一个重要因素，虽然投资时需要考虑到成本因素，尽量避免在高价位上出资，但是真正应该考虑的还是标的在未来是否拥有巨大的增值空间。只有用发展的眼光来看问题，人们才能够意识到价值比价格更加重要，只要一家企业具有良好的发展空间和盈利空间，那么价格适当高一些也没有关系。反过来说，假设一家公司的收购价格很低，可是发展空间也被挤压得所剩无几，那么这笔投资还是容易出现亏损的。

在最近几年，很多国内的企业以及财团疯狂痴迷于收购西方一些衰败的企业，这种收购往往带有一些盲目性质，或许这些收购会带来一定的技术增长，也可以借机利用那些衰败企业的品牌效应，但更多时候这些收购都是投资上的败笔，原因很简单，很多企业和财团只看重收购的成本，而忘记了这些公司之所以处在低价位上，是因为它们本身已经没有了多少投资的价值。而一些价格看起来很高的企业，也许还拥有更好的投资空间，高价格也许恰恰是高价值的一种体现。

比如国内有一批投资人在前些年投资了很多互联网企业，这些互联网企业的投资成本都比较高，因此外界都对这些投资持怀疑态度，认为以这样高的价位去投资泡沫盛行的互联网行业并不明智，但事实上，对于很多优秀的互联网企业来说，是对得起这样的投资价位的，一些涉及资源共享以及外卖、物流的企业，拥有广阔的市场前景，它们在未来会成为人们生活中最重要的组成部分。对那些投资人来说，今天以融资的方式投资1000万元，可能在未来的几年时间内将会获得数十倍的利润。

巴菲特曾经依靠“便宜货”的那一套理论，积累了一些财富，也进行了一些比较成功的投资，但这些投资的盈利并不大，因为便宜货本身就缺乏支撑价值增长的动力，所以财富的增长其实很慢。在接受查理·芒格的意见之后，他关注了一些拥有长期盈利能力的优质企业，并且很快就获得了成功，财富积累速度大大超过了之前的投资。

优质企业的投资增值速度要远远大于普通企业，而且持续性也更强，就像人们购买2元/股的不知名企业股票，以及花钱购买2000元/股的跨国公司股票，同样是花费200万元，可能10年之后跨国公司带来的盈利会突破2000万元，而不知名企业的股价可能只上升为300万元，或者说亏损为100万元。

对于优秀企业来说，价格不应该成为决定是否投资的主要因素，只要这个企业的确拥有巨大的发展潜质以及盈利空间，那么就值得出手。优质企业永远应该排在第一位，假设华为公司某一天准备上市，那么人们是否值得出手购买该公司的股票呢？恐怕它的上市会引发市场上的投资热潮，因为华为的优质价值足以让投资者们身家翻倍。不过对于投资人来说，控制好投资成本也是控制风险的一部分，对于高价位的投资还是应该留心一下，不能让高价格捆绑自己的投资，如果一个企业的发展已经达到了顶峰状态，价位也达到了顶峰状态，那么就要谨慎投资，因为企业的盈利空间可能已经所剩无几了。

把握住那些具有控制地位的大公司

“奇妙的、由很深、很危险的护城河环绕的城堡。城堡的主人是一个诚实而高雅的人。城堡最主要的力量源泉是主人天才的大脑;护城河永久地充当着那些试图袭击城堡的敌人的障碍;城堡内的主人制造黄金，但并不都据为己有。粗略地转译一下就是，我们喜欢的是那些具有控制地位的大公司，这些公司的特许权很难被复制，具有极大或者说永久的持续运作能力。”

——巴菲特

如果对巴菲特的投资项目进行分析，就会发现他青睐一些快速消费品，像可口可乐公司、卡夫公司、亨氏公司、吉列公司的产品都属于快速消费品，人们基本上离不开这些公司的相关产品。可口可乐是世界上最畅销的饮料，也是价值最高的饮料公司，从整个生活饮食习惯来说，人们根本离不开可口可乐。同样的还包括吉列公司，巴菲特认为吉列公司在剃须领域拥有强大的优势，而这一产业本身就具备很大的生存优势，因为每一个成熟男性都要刮胡子，因此剃须刀是生活中最不可或缺的物品之一。正是因为如此，巴菲特曾一度将吉列与可口可乐并列为世界上最值得投资的对象，因为它们都是世界最好的企业之一。

相比于这些快速消费品，巴菲特对于其他一些快速消费品的投资非常谨慎，像宝洁、联合利华以及高露洁都是世界上的大品牌，它们在行业领域内也拥有一定的垄断地位，但巴菲特并没有产生太大的兴趣，原因很简单，巴菲特看重的是长期的、稳定的投资，这需要强大的市场控制力，而这一类快消品注定了无法在更长时间内保持稳定的增长趋势。在短期内，宝洁公司以及联合利华等大公司拥有强大的生存优势，毕竟这些诸如洗发露、香皂、牙膏之类的生活必需品拥有很大的消费市场，但是从长远来看，它们缺乏持续的竞争力，对市场的控制力还不够强大。

其实，快消品的门槛很低，竞争非常激烈，一些大企业在3~5年时间内可能会占据优势，一旦将时间跨度延长到10年甚至10年以上，就无法预料到现有的大企业会不会继续成为行业内的领头羊，换言之，宝洁公司可能无法确保自己在10年以后继续保持领先位置。而且事实上，宝洁公司旗下的很多重要品牌都在老化，像潘婷、飘柔、海飞丝、玉兰油等主要品牌已经失去了往日强大的市场号召力，一些更新的品牌开始被市场接受，这个时候宝洁公司想要继续垄断市场，想要继续保持高增长的状态已经不太可能了。

很多快消品本质上无法和消费者建立起强联系，消费者很难对产品的品牌以及所对应的企业产生更多更持久的情感和消费忠诚度。比如牙膏，很多人也许都用过六必治，用过两面针，用过高露洁，用过黑人牙膏，可是这些牙膏并不会连续10年都在用，也许连续5年也很难做到，因为市场上新型的牙膏品牌会不断出现，云南白药、佳洁士、丽齿健、黑妹等牙膏品牌不断冲击原有的牙膏市场，而更新的牙膏品牌又会出现。以5~10年这样的跨度来说，牙膏的更新换代还是很快的，而消费者的消费倾向也许会变得更快。洗衣粉和香皂之类的产品也是一样，雕牌曾经依靠着广告中的情感分赢得了很大的市场份额，可是如今也面临着品牌老化的危机，人们很难对这些品牌产生持久的忠诚度。在激烈的市场环境下，它们看起来正在变得很零碎。

消费行业一直都是一个投资热点，无论是生活用品、饮品，还是一些信息消费品，每一天都会存在巨大的市场需求，但消费品行业也是竞争最激烈、市场变化最快、更新换代速度最快的行业，这对投资人都会提出考验。对投资人来说，如何在消费品行业中找到一些具有持续竞争力的产品非常重要。

在这一方面，巴菲特给出了一些不错的建议，那就是要尽量选择一些不可替代的企业，这些企业必须足够强大，具有一定的市场控制力，保持持续的盈利能力，同时也尽量找一些在市场上发挥了重大作用，且面临更少竞争的企业。比如巴菲特购买可口可乐公司的股票，并不是因为可口可乐是独一无二的，实际上有很大一部分市场份额被百事可乐占据了，还有其他一些饮料品牌也在日益瓜分饮料市场，但即便如此，可口可乐仍旧是多数喜欢可乐的人的第一选择。巴菲特每天都要喝可乐，他觉得世界上一定有很多和自己一样的人，他们对可口可乐情有独钟。换言之，可口可乐在市场上具有很强的不可替代性，谁也无法替代它的地位，百事可乐也不行。

同样的例子还有美国运通公司，1963年，美国运通公司负责担保的一家大宗商品交易公司，为了骗取银行贷款，竟然谎报色拉油库存，并出售这些色拉油的持有凭证。不久之后，这个荒唐的骗局被人拆穿，大批持有凭证的债权人直接找上了提供担保的运通公司，并且提出索要高额赔偿的要求，结果运通公司的赔偿金额高达1.5亿美元。与此同时，由于美国爆发股灾，运通公司的股票直接跌落谷底，投资人都纷纷远离这家公司。可是巴菲特却没有这么想，他意识到美国运通公司的信用卡和旅行支票业务，是整个市场上非常重要的业务，它具有很强的竞争力，在市场上具有一定的不可替代性。正因为如此，当其他人都在疯狂抛售股票的时候，他选择了抄底，大笔购入这些股票，结果在短短5年时间内就获得5倍的收益。

巴菲特经常会强调护城河理论，像一家公司的品牌威力、产品特性、销售实力、特许权都是护城河的来源。比如喜诗糖果就拥有最终的市场定价权，即便每年涨价10%，可能市场上也不会太在意，这就是品牌的影响力。总的来说，护城河就是一家企业最重要的、稳定的、持久的竞争优势，或者说就是一种行业壁垒。只要投资者找到这种具有行业壁垒的企业，只要找到护城河足够深、足够宽的企业，那么就能够在投资中获益更多。

将大部分资金集中在优秀的投资项目上

“我们认为，如果让投资组合更集中的政策能提高投资者对一家企业的思考强度，也提高他在购买该企业股票之前对其经济特征的满意度，那么这种政策很可能会降低风险。”

——巴菲特

很多人每一年可能都会遇到一些非常不错的投资机会，有的人甚至一次性可以遇到好几个看起来很棒的投资项目，那么他们是否要全部把握住这些机会呢？人们是否应该采取多元化的投资策略呢？在很多时候，人们容易被一些惯性思维左右：当投资越来越多元化的时候，自己越容易挣到钱，哪怕每一个投资项目只挣了一万元，最终可能也有十几万、几十万元的收益；而当投资越来越多元化的时候，投资风险越容易得到分摊，一些项目上产生了亏损，那么就可以在其他收益项目上得到弥补。

正是因为这种多元化策略，很多投资者愿意分散资金和资源，愿意投资更多的产品，但一个基本的道理是，那些优秀的投资标的很少出现，有些人可能一辈子也遇不到一家能够带来100倍收益的公司，所以当人们觉得自己应该采取多元化策略投资的时候，也许正好进入了一个常见的投资陷阱，即所看重的大概率高收益项目会被一些潜在的亏损项目冲垮。比如某个人看中了10个好的投资项目，其中1号项目和2号项目可能会带来不错的盈利，但是余下的8个项目可能存在一定的亏损风险，这些亏损会在一定程度上抵销前两个项目的盈利。

还有一点也很重要，那就是每个人的时间和精力是有限的，资金也是有限的，人们无法花更多时间来兼顾所有的项目，一些操作的项目如果不注重资源投入，那么就容易丧失投资优势，或者说无法最大化地挖掘投资潜力和投资效益。

巴菲特相信集中的投资组合会带来非凡的回报，当人们将资源集中在少数几个项目上时，就会确保资源配置的最大化以及效益的最大化。他在告诫自己的学生时说，如果职业生涯一开始就约定总的投资数量不会超过20个，那么投资结果必定会得到明显改善。因为当人们一生中的投资数量得到合理控制之后，就可以集中进行思考、分析以及等待，而不会盲目进行投资。

事实上，伯克希尔公司的投资范围虽然很广，但是几乎90%的投资都集中在了10个项目上，这10个项目基本上就代表了伯克希尔投资的最佳状态，也代表了伯克希尔公司的盈利水准。

巴菲特的私人飞行员Mike Flint曾向巴菲特请教如何拥有一个成功

的生涯，巴菲特当时让他写下了一生中自认为最重要的25个目标，Mike Flint思考了一段时间，写下了这25个目标。巴菲特连看也没看，就接着让Mike Flint从中找出5个自认为最重要的目标。Mike Flint照做之后，将自己的5个目标拿给巴菲特看。

巴菲特让他将之前的25个目标与精心挑选后的5个目标一同拿出来分析，并且询问对方："你现在知道自己应该怎么做了吧？"

Mike Flint非常肯定地回答说："我知道了，从现在开始，我就重点实现这5个目标，另外的20个目标，并不那么紧急，我会在闲暇时间去做这些事，然后想办法慢慢实现。"

巴菲特听了直摇头："不，Flint，我想你搞错了。那些你没有重点挑出来的20个目标，不是你应该在闲暇时间慢慢完成的事情，而是你应该尽量避免去做的事情，你应该躲避它们，就像躲避瘟疫一样，最好不要为它们花费任何时间和注意力。"

巴菲特对于Mike Flint的忠告和建议，实际上也是对所有投资人和企业家的建议，很多投资者往往会坚持多元化的投资策略，会一次性制定多个投资目标，但实际上这样做往往会让投资变成一个低效的盈利工具。如果说一个投资人可以同时把握住一百个优秀企业作为投资目标，那么往往会遭到分散投资带来的反噬。一个人在投资生涯中的资金和精力都是有限的，不可能同时在100个项目上盈利，因为决策很辛苦，也许这100个项目中只有不到20个会盈利，人们不能过高地估计自己的能力。真正善于投资的人会将大部分资源集中到少数几个英明的决策上，这少数几个投资目标足够让投资人获得丰厚的盈利。

巴菲特认为伯克希尔公司每年只需要重点把握住一个优质企业就行了，而不用漫无目的地搜集上百个目标，在一些年份中，伯克希尔公司甚至连续几年都没有找到合适的投资目标，因为优秀企业确实不多。巴菲特的搭档芒格，在几十年的投资生涯中，只投资了3家公司，这3家公司成为最重要的盈利来源。

对于其他投资者来说，集中投资的优势在于能够保证效益的最大化，至于风险肯定也是有的，但是这种风险往往会得到更好的控制，因为在选择企业时，人们拥有更充分的时间和资源来对意向公司进行审核与判断。一个不可忽视的问题在于，人们对少数几家公司的审核肯定要比对更多公司的审核效率更高，出错率也更低。按照巴菲特的想法，只要锁定了一家优质的公司，那么就可以集中力量进行投资，不要有太多的保留，不要过于保守。

巴菲特在投资吉列公司时，花了6亿美金，很多人觉得他在犯傻，但是如今这些股票价值500多亿美元。投资苹果公司和可口可乐公司也是一样，巴菲特都以较大的投资换回了更大的收益，而且基本上都是几十倍的收益。这对任何一个投资人来说都具有最好的借鉴意义，因为绝大多数坚持多元化投资，一次性指定多个投资目标的人，都没有机会像巴菲特那样快速积累如此庞大的财富。

寻找那些拥有优秀管理者的企业进行投资

“能够作为比亚迪与中国人的合作伙伴，我们对此非常兴奋，王传福先生具备独特的管理运营能力和优良记录，我们盼望着与他合作。”

——巴菲特

在投资企业方面，老搭档查理·芒格曾经为巴菲特指出了一个投资原则，那就是看重行业的属性以及企业的优质程度，一家优秀的企业无疑是投资的首选，他甚至告诫他人：“有两件事很重要：如果一家公司资质不错，那它能够承担一位差劲的管理者。但是，反之，却不成立，很少能够看到一位伟大的管理者能够接受一家很糟糕的公司，比方说纺织业，重振这个行业，你找沃伦·巴菲特都没用。”而在投资方面，巴菲特践行了芒格的指导，但他并没有因此而将好的企业与好的管理者对立起来，因为他一直笃信好的管理者会打造一个好的企业，所以他一方面试图收集那些优秀公司的信息，另一方面就要想方设法弄清楚那些企业的管理者，如果一个管理者拥有强大的管理能力和战略布局能力，那么为什么不试图进行投资呢？

在这里，芒格的意思是，好的企业要优于好的管理者，优秀企业是要先于优秀的管理者的，而巴菲特则按照某种常理来推断，将好的管理者与好企业更多地结合在一起来考量，也许好的管理者并不一定会打造一家好的企业，但是至少从概率上来说，他们更有可能去管理好一家公司。巴菲特仍然遵从了老友的建议，将优秀企业摆放在第一位，但是却同样将优秀管理者纳入了考量的范畴。

就像投资苹果一样，不仅仅是因为这家公司的业绩越来越出色，也在于他一直都在观察乔布斯，并且认为他是一个具有革命性创造力的企业家，这种特质只有极少数企业家身上才能见到，所以他不打算错过这样的人选。就像很多媒体所评价的那样，即便乔布斯真的去做纺织品，他的纺织品也是全世界质量最好的。巴菲特看好亚马逊，看好比亚迪，都是因为他笃信这些伟大企业的背后有一个伟大的领导者。在投资喜诗糖果（Sees Candies）的时候，巴菲特选择了一个非常好的管理者，收购布朗鞋业也是因为找到了合适的管理者来经营这家公司。

有意思的是，巴菲特和芒格都不喜欢埃隆·马斯克，尽管两个人都承认马斯克是一个极富创造力的人，而且智商非常高，但是他缺乏管理者的那种沉稳，缺乏管理者的那种尊重市场的态度。优秀的管理者是巴菲特愿意付出信任的一个重要原因，如果他准备收购一家公司，那么基本上不会花费大量时间去研究如何进行谈判，或者研究如何做出更加细致的调查，他甚至不打算干涉被收购公司CEO的工作，因为收购意向本身就表明他已经信任对方公司的CEO。事实上，巴菲特对于优秀管理者的执着要远远超过芒格，他甚至因为管理者素养不行而放弃了一些财务上具有强大吸引力的公司，原因很简单，优秀的管理者具有资本配置的能力，能够打造一套完整的、合理的管理体系，拥有战略眼光和全面布局能力，拥有强大的个人威望和良好的形象，当一家企业拥有一位出色且富有魅力的管理者时，这家企业是具有活力、具有战略思维、具备良好管理体系的，而这些足以让这家公司大概率变得更加优秀。

巴菲特对于优秀管理者的执着，成为他招揽人才和企业投资的一个重要参考，在进行企业投资的时候，他会特别留心这家企业的管理者具有什么样的素养，这也是他给其他投资人提供的一种投资方式。在很多时候，人们会过于看重企业的盈利，过于看重企业的发展，却忽略了一些更内在的东西，比如企业的战略水准，企业的内在文化，企业的团队水平，这些都不是财务报表能够提供的，但它们却能通过管理者的表现体现出来。举一个最简单的例子，在30年前，很少有人会关注华为，即便是20年前，恐怕也没有多少人愿意将赌注压在华为身上，可是如果了解了任正非的为人，也许就会对这家民营企业产生更多的期待。同样地，许多人在牛根生离开伊利的时候，死心塌地地跟着他，甚至主动投资和帮忙，原因就在于他们相信牛根生可以打造出一个足以媲美伊利的牛奶品牌。

对于企业的贬低往往会让投资者对管理者也丧失信心，或者说很多投资人根本就没有将管理者纳入考量范围之内。很多人都知道，柯达曾经是世界上最具竞争力的生产相机和胶卷的公司，IBM曾经是世界上最具活力的科技公司，但如今都淹没在发展潮流中，最重要的一点就是它们丧失了更具战略眼光的领导者，它们缺乏更好的管理者来引导前进的方向，来规范内部的管理，以至于它们最终没有更好地把握住时代发展的一些特质。每隔一段时间，都会有一些优秀的企业被淘汰出局，这或许是发展规律的体现，但很多时候缺乏优秀管理者也是其中缘由之一。

不过，同寻找优秀企业一样，寻找优秀管理者也很困难，毕竟在众多管理者当中，永远只有少部分人能够脱颖而出，能够表现出强大的管理能力。关于寻找优秀管理者，芒格曾经拿婚姻打比方："我怎样才能找到那个人呢？加利福尼亚2000万人口中有一半是妇女。在这1000万妇女中，只有200万人的年龄合适。200万人中，150万已结婚，只剩下50万。50万人中的30万人太愚蠢，另外5万人又太聪明，剩下的15万人中，我想和她结婚的也只能装满一个篮球场。我要从中找到一个，而且我还必须在她那个篮球场里。"想要找到优秀的管理者，人们需要精准的眼光，也需要一定的运气，更重要的是要综合分析管理者的资源调配、战略规划、人事安排、文化改造等多方面的能力，这样才能够有效提高把握优秀管理者的准确率。

判断一家企业是否优秀的方法要尽量简单

“投资人必须谨记,你的投资成绩并非像奥运跳水比赛的方式评分,难度高低并不重要,你正确地投资一家简单易懂而竞争力持续的企业所得到的回报，与你辛苦地分析一家变量不断、复杂难懂的企业可以说是不相上下。”

——巴菲特

巴菲特在2019年5月5日的伯克希尔股东大会上谈到，在过去75年时间里，根本没有见到人们有向价值投资靠拢的迹象，他觉得人们在投资中常常会被一些消极因素左右，因为多数人都习惯了将简单的问题复杂化。而在评判中尽可能做到简单，恰恰是巴菲特长期以来坚守的原则，比如巴菲特在评估一家企业是否优秀的时候，会使用最简单的长期现金流定义，简单来说，就是通过上市公司财务年报中的公司收益加上折旧等非现金支出，然后减去维护持续竞争优势的资本支出，这个计算结果直接决定了长期现金流是否充裕。巴菲特还会使用最简单的贴现率，他会重点参照长期国债利率来判断这家企业是否优秀。另外，巴菲特会重点观察一些明星企业，看看它们是否能够给股东提供长期、稳定的获利回报，对于那些具有巨大的无形资产和经济商誉的明星企业，巴菲特向来存有好感。

在挑选优秀企业时，巴菲特始终保持简单的分析模式和判断方式，若判断一个项目或者一个企业是否值得投资，需要借助复杂的模型来进行分析，巴菲特情愿放弃这笔投资。在巴菲特看来，优秀企业或者优秀项目的概率分析和判断同样应该保持简单。

最近几年，越来越多的量化模型和分析模式得到了重用，许多企业家和投资人会将那些复杂的模型当成投资分析的关键工具。在进行企业选择和制定投资决策时，许多人常常会认为一种模型越是复杂，一种分析方法越是复杂，那么最终的结果越准确，但事实上越是复杂的东西越容易产生错误。当人们需要借助复杂的模型来判断企业优秀的概率时，恰恰容易因为其中的一个细小失误导致出现误判。

投资者对于“优秀企业”往往会有先入为主的想法，觉得优秀企业非常少，必定也不容易被发现，如果一家优秀企业轻易就被人挖掘出来，那么它就不足以称作优秀企业了。在这样的思维引导下，如何谨慎而烦琐地对企业做出判断，如何打造并运用复杂的模型来解析企业的发展，就成为一种必然。这几乎是全球通病，无论是国内还是国外投资者，都习惯了将问题复杂化，很多模型中涉及一些非常枯燥难懂的学术名词和高级的代数公式、微积分公式，数学模型、数字模型、物理模型、经济模型、博弈模型，加上各种各样的复杂分析，几乎构成了最严密、最复杂的估算体系。

也许会有少部分人获得成功，但是对于绝大多数人来说，这些复杂模型正在摧毁他们对优秀企业的挖掘能力。举一个简单的例子，如果有人试图对标的进行更仔细的分析和评估，那么涉及的内容可能包含：每一个月或者每一个季度的具体账单，正在拓展和已经拓展的相关业务的盈利估值，企业创造力和研发能力的具体分析，企业相关资源尤其是人力资源的整体估值，企业未来战略规划能力的评估，企业管理体系的打分，企业品牌价值的分析，企业管理者的考核，企业流程的了解与评估，企业现金流的评估，该企业在行业内的发展水平等。其中还要涉及各种经济模型与数学模型的计算，涉及市场因素的干扰评估，可以说非常复杂，任何一个投资者想要将所有的问题研究清楚都需要花费大力气，考虑到他们将会面对几十家、上百家的意向公司，这是多数投资人或者投资机构都无法完成的工作。

还有一点非常重要，任何分析与模型本质上都是偏向对一些静态数据的把握，或者只存在少量的动态分析和评估，其准确性是需要打折的，哪怕是最严密的分析，最终也会受到外在因素的干扰，而类似的变化和干扰又会导致整个模型的计算发生巨大的变化。许多投资人喜欢将一些烦琐的公式或者模型套用在每一个意向公司，这基本上只是徒增烦恼。用复杂的模型来分析，只会让整个分析变得更加复杂，这会给任何投资人与投资机构带来困扰。

正是思维上的复杂化，导致人们对于优秀企业的判断容易出现失误。多年来，巴菲特一直在反对投资者去使用商学院提供的那一套评判体系，他说：“（商学院）重视复杂的过程而忽视简单的过程，但是，简单的过程却更有效。”在巴菲特看来，打破这种固化思维的基本方式就是保持简单，运用最简单的工具对企业进行分析，运用最简单的模型来讨论，尽管结果不一定是准确的，但是相比于复杂烦琐的模型，它可能更容易抓住那些最重要的信息和依据。

不要投资那些高负债的公司

“我们更偏好于并购能‘产生现金’而不是会‘消耗现金’的公司。在通胀加剧的情况下，越来越多的公司会发现仅维持它们当前的营运就需要花光先前所赚的所有的钱，所以不管这些公司的盈余多么吸引眼球，如果这些数字难以兑现为白花花的现金，我们就会心怀疑虑。”

——巴菲特

在评价一家企业是否足够优秀的时候，巴菲特经常会拿“负债”说事，从某种意义上来说，巴菲特不喜欢借钱和负债，负债意味着使用财务杠杆，放大收益的同时，也放大了风险。在巴菲特看来，债务就是一把双刃剑，适当的借贷，也许可以使用财务杠杆，也可以通过一些手段提升公司现金流，借此增加公司价值，但债务本身就是一个“减项”，会导致市值减少，这对多数企业来说是一个很大的风险。

如果对那些优秀企业进行分析，就会发现它们当中的大多数都没有负债或者只有很少的负债，这些负债根本不会对企业发展造成任何影响。在发展过程中，它们拥有充足的现金，可以更加合理安全地从事生产经营活动，而不用担心遭遇危机时缺乏资金。而那些拥有大额度负债的企业，有时候会显得非常脆弱，一方面公司的市值会遭受拖累；另一方面当金融危机或者某些意外事件发生之后，企业没有足够的资金进行运转，也无法转变投资方向，很容易在突发事件中遭遇灭顶之灾。巴菲特说过："经营这样的企业就好像开车时方向盘上绑着一把匕首，路面一颠簸，匕首就有可能扎到开车人的心脏。"

不过，有负债也不一定就表明企业的盈利能力和竞争力不行，这里所说的尽量避免负债和贷款更多的是指企业的长期贷款。巴菲特不喜欢长期贷款这种操作方式，毕竟这意味着投资人将要支付更多的利息，他认为识别优秀企业的一个方法就是观察企业资产负债表中的长期贷款数额，一般来说，成长良好的企业，其长期贷款数额并不多。原因很简单，这些企业拥有强大的盈利能力，积累资金用于扩大再生产的和投资的能力很强大，也能够满足并购的资金需求，一般没有必要再次进行融资。不过在分析一些优秀企业的年度报表时，巴菲特又发现很多具备竞争力的企业倾向于负担一部分债务，它们的净利润大于贷款，企业也不具备什么贷款的风险，借贷的目的是借助杠杆来获得更大的收益，简单来说，借1000万元的利息可能只有100万元，但是获得的盈利却达到了2000万元，那么花掉100万元的利息来盈利2000万元，这是稳赚不赔的生意。

所以巴菲特对于借钱和负债的理解是，如果企业没有任何负债，而且竞争力不错，那么证明了它拥有强大的盈利能力，是值得投资的好企业。如果企业存在负债，那么一定的短期负债是可以容忍的，尤其是当企业的净盈利超过短期贷款，那么这样的负债就不存在什么风险，企业仍旧值得关注和投资。真正有风险的是长期贷款，它是企业发展中的不稳定性因素，企业容易通过拆东墙补西墙的做法来偿还债务，今天它可以偿还A企业的借款，但是这笔钱可能来自B企业，当它偿还B企业的钱时，可能只是因为它已经从另外一处借到了一笔钱，这样的企业一直都在依赖外部的资金运作，不能依靠自身的盈利能力解决问题，显然不具备什么发展潜力。

按照巴菲特的理解，对于那些没有负债的企业，投资者自然需要重点进行关注，而对于那些长期负债的企业，也可以通过一些具体的经济指标进行衡量，看看是否值得自己投资。其中一个衡量指标就是债务股权比率，该指标反映的是由债权人提供的资本与股东提供的资本之间的相对关系，反映企业的财务结构是否稳定。债务股权比率高的企业，往往存在高风险和高报酬的特点，而债务股权比率低的企业，往往存在低风险和低报酬的特点，总的来说，优质企业基本上都处于低风险、低报酬状态，因为它反映出了企业清算时对股东或者债权人的利益有更好的保障。

这些理论以及指标，对于投资者来说非常重要，在现实生活中，存在很多创业的冒险者，一方面他们本身不具备太强的操作能力，企业的盈利能力非常有限，而为了吸引其他投资者的关注，可能就会选择通过负债来强行运作，但由于没有内在的支撑动力，这种负债方式会让自己承受巨大的压力，一旦企业真的遭遇问题，而外部资金无法及时注入，那么等待企业的只有破产。另一方面，许多人习惯了借助杠杆来进行赌博，在他们看来，只要自己能够带领公司盈利，那么就可以偿还借款和利息，多数情况下，他们都是坚定的冒险主义者，会认为自己有能力用借来的钱创造更大的收益，但事实上，运用杠杆可能会让他们更早地陷入困境之中。投资者应当擦亮双眼，去发现类似的创业者和创业公司，要时刻关注对方是否存在不合理的负债行为，尤其是要关注公司发展的状况以及长期负债情况。

通常情况下，合理的做法是拿出一个本子，将自己有意向进行投资的企业全部列出来，然后划定几个层次。第一层是没有负债的企业；第二层是短期低负债企业；第三层是长期负债企业，而且负债较高。投资者选定各个层次的企业之后，就可以按照各自的标准进行挑选，尽量将没有负债和短期低负债的企业找出来，这些才是较为安全、较为优秀的标的。

第二章

巴菲特的投资模式——长线操作才能获得高收益

多数投资者都具有投机意识，短期内的盈利机会是他们最为看重的要素，也许有些人意识到未来可能会盈利更多，未来会获得更高的报酬，但是当前收益带来的诱惑以及未来存在的各种不确定性因素无疑会消磨掉他们的耐心。巴菲特对于长线操作的执念在于他发现了长线操作带来的收益往往呈指数上升趋势，只要找到那些具有长期竞争力和盈利增长值的企业，就能够更加有效地把握住财富。

把握住未来收益性高的企业和项目

“几乎可以肯定，在股市表现糟糕的年份，公司的账面价值增长会超越标普500指数的增长，但同样在股市表现强劲的年份，公司的账面价值增长会落后于指数。真正的考验是长期表现如何。”

——巴菲特

在最近几年，巴菲特频繁为亚马逊以及亚马逊的创始人贝佐斯点赞，与此同时，他又懊悔自己当初错过了对亚马逊的投资，认为自己当初没有看好亚马逊的发展是非常愚蠢的表现。为什么巴菲特要这么说呢？如今看看亚马逊的发展，就可以发现巴菲特的确犯了一个错误，因为亚马逊已经成长为市值靠前的跨国电商，就连贝佐斯的个人财富也水涨船高，成为世界首富。

那么巴菲特为什么之前会错过这样一家出色的企业呢？主要原因在

于他当初并没有意识到亚马逊会拥有美好的发展前景，不觉得亚马逊在未来会获得不错的收益，在投资苹果公司以及可口可乐时，他能够做出精准的预判，但是对于亚马逊，他拿捏不准。何况作为一家运营了20多年的跨国电商，亚马逊其实经历过一段时间的低谷。

1997年的时候，巴菲特曾有机会投资亚马逊的首次公开招股，当时的IPO发行价为18美元，但他后来决定放弃。巴菲特做出了解释："实际情况是，我从一开始就在关注亚马逊。我认为杰夫·贝佐斯所做的事近乎奇迹。但问题在于，如果我认为某件事是个奇迹，那么我就不会去赌它。"在他看来，亚马逊未来的发展还是很不明朗，他并不清楚亚马逊会拥有那么大的发展潜力。

巴菲特错失亚马逊的投资，本质上并不算什么错误（事实上后来伯克希尔中的两位经理投资了亚马逊），只不过是因为自己对于亚马逊的未来收益高低还没有太大的把握，如果仅仅只是觉得当时能挣钱，也许他早就下定投资的决心了，作为投资人，巴菲特看重的是未来的高收益，如果未来是不确定的，那么自己就不会贸然投资，对于科技股的排斥其实也是源于这一点。其实无论是错失微软，还是错失亚马逊，都表明了巴菲特紧守"未来高收益"这一个底线，真正的问题或许在于他对科技股还缺乏更清晰的了解，这也是能力边界问题，而巴菲特的投资理念本身是没有任何问题的。如果对巴菲特的投资进行分析，就知道，他能够积累如此惊人的财富并不是运气使然，而是因为他真正把握住了那些未来高收益比较明确的项目。

事实上，许多人对于未来高收益的关注度还不够，这里涉及一个思维——折现思维。在多数人看来，未来的东西是有折现率的，因此在很多时候他们更愿意将未来那些不完全确定的收益折现成为当下的价值和快乐。比如投资人在投资某个项目时拥有两种选择：第一种是每年固定拿走300万元的收益，第二种是每年拿走100万元的基本收益，其他钱继续投资，然后等到第五年的时候，一次性取走2000万元的分红。按照第一种模式，五年时间就可以领走1500万元的收益，而按照第二种模式可以领走2500万元的收益。多数人可能都会选择第一种模式，而这就是一种典型的折现思维，因为2000万元的一次性分红对他们来说具有一定的不确定因素，而每年300万元的收益则是立即可以享受到的。

在投资的时候，很多投资者之所以并不看重未来的高收益，就是因为他们更习惯了折现，更喜欢通过短期收益来满足自己对财富的需求，而这样的投资者往往没有办法将生意做大，没有办法将生意做到位。对于未来高收益的把握往往需要很大的战略耐性，需要人们拥有抵御资本诱惑的能力。一个最典型的案例就是如今关于人工智能的布局和投资，许多人仍旧觉得人工智能当前的收益还不够明显，因此会选择其他一些产业和项目进行投资，比如一些传统的能源企业可能会在2~3年内带来不错的收益，或者在一些医疗产品的投资上获得短期效益，至于人工智能市场，虽然在未来是一个价值几万亿美元的超级市场，但很多企业和投资人显然等不起，他们不会投资几千万或者几十亿元去为日后的发展做铺垫，即便他们意识到在未来10~20年，自己将会收获几十倍、上百倍的收益，也会无动于衷。真正有远见的投资人和企业永远只有那么少数几个，他们会耐心地在人工智能领域进行合理布局，甚至预备牺牲掉10年在其他领域内的投资收益。

对于那些真正优秀的投资人来说，能够克制自己追求短期收益的欲望，而选择追求未来高收益，这种选择就是一种典型的长线投资。长线投资者要将目光放在未来的投资上，要放在未来的收益上，并延迟自己对财富的满足，这也是保证收益最大化的一种方式。比如中国有很多优秀的企业家，像马云、马化腾、任正非等人，都曾有过更多的投资选择，诸如房地产、炒股以及传统能源，这些投资项目曾经非常火爆，也给投资人带来了可观的收益，可是在马云等人看来，无论是房地产还是股市都不足以支撑起未来高收益，它们只是暂时性的获益项目，在未来必定会失去发展的动力，如今无论是股市还是房地产都在冷却，而他们所坚持的那些行业反而带来了巨大的收益。

总的来说，未来高收益才是投资的王道，才符合长期投资的规律和目标，才是人们快速积累财富的重要方法。

对于那些拥有长期竞争优势的企业要长期投资

“查理和我都有非常实际的理由，希望确保伯克希尔在我们退出后的几年里保持繁荣：芒格家族持有的伯克希尔股份，远远超过了家族的其他投资，而我99%的净资产都投在了伯克希尔的股票里。我从未出售过任何股票，也不打算这么做。”

——巴菲特

“真正好的企业非常难找。出售任何你有幸拥有的东西都是毫无理由的。”这是巴菲特给所有股东的忠告，而这种忠告本身也适合巴菲特。作为伯克希尔公司的代表性人物，巴菲特拥有大量伯克希尔的股票，这些股票构成了他财富的主体，而巴菲特明确表态不会出售所持有的伯克希尔公司股票，并且在遗嘱中要求继承人也不要轻易出售这些股票。对巴菲特来说，他早就设定了一个规则：每年将名下所持有的部分A股转换为B股，然后将B股分配给各个基金会，那么合理的估算结果是在他死后12~15年，所持有的全部伯克希尔公司的股票才会进入市场。

在没有他的遗嘱指示下，其所有伯克希尔股票都应持有至预定的发行日期。他还提出了一些安全系数更高的方法：“安全的做法是在其临时控制下出售伯克希尔股票，并将收益再投资于与预定的分发日期匹配的到期的美国国债。该策略将使受托人既不受公众批评，也避免因未能按照‘审慎的人’的标准行事而承担个人责任。”

巴菲特之所以不愿意出售伯克希尔的股票，也不愿意继承人出售这些股票，就在于他认为伯克希尔在未来很长一段时间内将会保持竞争优势，这不仅仅是因为它巨大的资本规模和多元化投资的渠道，还在于它在过去十年的增长率已经超过了80%，这个成绩足以让人对这家公司的发展放心。

偏爱长期竞争优势的企业，是巴菲特投资体系中一个比较成熟的理念，比如巴菲特投资了好市多（COSTCO），并且将其当作一个重仓，原因就在于他看好好市多在未来很长一段时间内的竞争力，并认为它具有长期竞争优势。好市多虽然主要从事零售行业，基本上不依靠卖产品挣钱，他们是通过会员收费来盈利的，会员必须每年缴纳固定年费，顾客基本上只需每年交纳55~110美元的会员费，就可以用最好的价格买到最好的货品，一旦顾客对产品价格感到不满意，就可以直接进行投诉，会员往往可以获得最优质的商品和服务，正如好市多的经营理念那样——“尽可能以最低价格提供会员高品质的商品，是好市多一向秉持的经营理念，为了达成此目标，我们必须竭力降低所有的营运成本，将省下的金钱完全回馈给会员”。

这家超市打破了传统零售企业的发展模式，推行的会员制度可以有效吸引目标客户，同时将那些非目标客户有效隔离开来，避免公司在非目标客户上浪费更多的资源和成本。事实上，依据这种方式，好市多可以快速积累一大批忠实的会员，这些会员可能会成为公司长期的用户。

一开始有很多人都觉得好市多这种盈利方式会带来巨大的风险，但是经过多年发展，它已经对传统零售巨头沃尔玛造成了冲击。而且好市多对比沃尔玛方面的优势在于其更高的收入和净收入增长，这些优势将会成为好市多未来发展的一个“撒手锏”。不仅如此，好市多具备了更低的债务和国际扩张潜力，就像它在中国市场的扩张计划，已经使得发展前景一片大好。

巴菲特不仅仅要选择这些拥有长期竞争优势的企业，还准备长期持有这些股票，他在多个场合表明了自己的态度，他觉得这就像是一种婚姻，一旦觉得双方合得来，就没有打算彼此分开。除了好市多之外，在选择投资比亚迪的时候也是采取这种方式，他虽然看不懂比亚迪的发展模式，但是对比亚迪在中国市场以及电池研发领域的出色表现感到满意。早在2008年，芒格就给巴菲特打了一通电话，在电话中反复强调一点：“如果你现在不投资比亚迪，你将错过一个杰克·韦尔奇，再加上一个托马斯·爱迪生。”芒格认为比亚迪的发展模式以及发展的特点，证明了它在未来拥有很强的竞争力，何况它还拥有强有力的领导者。

如果说投资好市多在于经营模式的创新优势，投资比亚迪在于企业文化与电池技术的优势，那么投资可口可乐、吉列、美国运通、苹果公司等企业，则在于体量以及规模上的垄断，它们在市场上拥有很多先天的规模优势，这些同样会确保在较长时间内保持竞争优势。比如1999年发生了股市波动，巴菲特错过了投资科技公司的最佳时机，而自己名下的那些重仓则业绩不佳，巴菲特仍旧自信地对外界的质疑做出了回应："1999年我们的股票投资组合几乎没有什么变动。这一年有几家我们重仓拥有的公司经营业绩十分令人失望，尽管如此，我们仍然相信这些公司拥有十分出众的竞争优势，而且这种优势能够长期持续保持，而这种特质是取得长期良好投资业绩的保证。"

巴菲特的自信并非没有道理，事实上，他对经济前景的发展非常敏感，总是能够从长远利益上做出对伯克希尔公司发展有利的决策，他可以读懂消费者的心理以及文明社会中人们心中不同层次的欲望，并找到相应的商机，明确商业上所具备的那些竞争优势。而对任何一个投资者来说，在长线操作中，最重要的是长期的发展与盈利能力，企业发展可以出现起伏，但是未来的整体趋势必须是利好的，而且必须具备长期的竞争力，这些竞争力无疑会让投资者获得长期的收益。

那么拥有长期竞争力优势的企业有哪些呢？第一是行业内的垄断者和领头羊，这些企业在短时间内不会出现严重的经济倒退现象，它们由于自身具备的强大竞争性或者垄断性，可以在行业内长时间保持竞争优势，这些竞争优势也许会保持20年以上，甚至是30~50年。第二就是一些在某一特定领域拥有巨大技术优势的企业，这类企业可以依靠技术优势长时间在市场上保持强大的存在感和影响力，这类企业或许不是行业内最强大的，但是特定的技术优势会让它们变得更加出色。第三则是一些能够把握住发展趋势的企业，它们可以在大环境下保持敏锐的商业嗅觉，能够在第一时间知道如何跟上时代的脚步，它们是市场上的快鱼，具有极强的适应能力和生存能力。

一般来说，投资者可以重点从这三点出发，把握住投资机会，然后长期持有这些公司的股票，为自己的未来做好部署。

了解未来会发生什么比何时发生更重要

“一个杰出的企业可以预计到，将来可能会发生什么，但不一定知道何时会发生。重心需要放在‘什么’上面，而不是‘何时’上。如果对‘什么’的判断是正确的，那么对‘何时’大可不必过虑。”

——巴菲特

在投资之前，巴菲特往往会对自己的投资项目提出一个基本的要求，那就是这家公司或者这个项目在未来会获得非凡的收益。有人曾开玩笑说，巴菲特在相中一只股票时，即便这家公司的股价在50年后才会获得可观的增长，巴菲特也会安安心心地等待。

这绝对不是无稽之谈，事实上，在投资可口可乐的时候，巴菲特就显示出了强大的战略思维和出色的预见性，他很早就预料到可口可乐公司日后必定会非常火爆，所以直接花重金进行投资。多年以后，在谈到自己的投资时，他给所有投资者提了一个醒："1919年，可口可乐公司上市，价格40美元左右。一年后，股价降了50%，只有19美元。然后是瓶装问题、糖料涨价等。一些年后，又发生了大萧条、第二次世界大战、核武器竞赛等，总是有这样或那样不利的事件。但是，如果你在一开始用40块钱买了一股，然后你把派发的红利继续投资它，那么现在，当初40美元可口可乐公司的股票，已经变成了500万美元。这个事实压倒了一切。如果你看对了生意模式，你就会赚很多钱。"

对于巴菲特来说，投资可口可乐几乎用不着任何迟疑，因为可口可乐拥有绝对的市场影响力，它最终会成为一种影响人们生活的饮料，这种影响力就确保了未来的收益一定非常可观，人们不用在意它什么时候会增值，而应该把握一点：可口可乐一定会变成世界上最出色的饮料公司，并且建立起最强大的品牌。

正是因为对可口可乐公司的未来非常看好，正是因为巴菲特敏锐地意识到这家饮料公司的未来会呈现出怎样惊人的竞争力和统治力，他才会义无反顾地购买这家公司的股票。也许可口可乐会继续在低谷待上几年，待上几十年，也许会拥有一个漫长的成长期，但可口可乐最终会变成世界上最优秀、市值最高的企业之一，这一点几乎是毋庸置疑的。巴菲特曾经说过这样一句话："如果你给我1000亿美元用以交换可口可乐这种饮料在世界上的领先权，我会把钱还给你，并对你说'这可不成'。"对巴菲特来说，可口可乐就是最出色的一个项目，它的优秀是早就注定了的，他不在乎需要花费多长时间进行等待。

投资吉列时，有些人觉得巴菲特在这样一个公司上浪费财富不值得，但巴菲特说了这样一句话："只要想到隔天早上会有25亿男性需要刮胡子，我每晚都能安然入睡。"在他看来，一个投资项目拥有如此广阔的市场和成熟的产品（吉列是百年公司，且一直在不断创新），自己没理由不动心。最终，他就花了6亿美元购买了部分可转换优先股。

2016年，巴菲特购买了苹果公司的股票，当时苹果公司陷入"创新能力下降"的危机，加上与高通的专利战、中国市场的失利、苹果股价下跌等一系列不利局面，但巴菲特仍旧非常轻松地做出了预见："苹果可能是我所知道的世界上最好的生意。"他并不担心苹果当前的股价下跌，不在乎苹果什么时候会走出低谷，重要的是他觉得苹果一定会重振雄风，成为世界上最出色的科技公司与互联网公司。

巴菲特所做的那些重要投资，往往都是建立在超强的预见性基础上的，对他而言，只要未来的发展很好，只要将来会充分发挥出潜在的价值，那么就值得投资，至于自己要等上多少年才能获得那些预期的收益，不是他关心的事情。

作为一个典型的长线操作大师，巴菲特的理念对于投资者有重要的指导意义。通常情况下，投资者会看重两点，第一点也是最重要的一点就是盈利性，对于投资者来说，自己的投资是否能够盈利是最重要的，如果感觉投资项目缺乏发展的潜力和增值的空间，那么就不会投入过多的兴趣。第二点就是投资的时效性，也许一个项目是能够挣钱的，但什么时候能挣到钱，什么时候才能满足投资者对于利益的需求，这些是很多投资者关心的事。

在巴菲特看来，投资者真正要关心的是自己的投资是不是挣钱的，自己的投资在未来是否会带来高收益，是否会产生高额回报，至于时效性那是次要的。对他来说，未来本身就是一个充满变数但是却具有吸引力的东西，未来某个更加明确的利好趋势，代表了一个值得期待的目标，实现这个目标本身是需要时间的，这是战略耐性的一部分，如果过分看重时效性，过分期待这个预期的目标什么时候会到来，人们反而更容易失去这份耐性。

不要思考明天会不会挣钱

“你必须在财务方面和心理方面做好充分的准备，以应对股票市场的反复无常，如果你不能眼睁睁地看着你买的股票跌到你买入价格的一半，还能从容地计划你的投资，你就不该玩这个游戏。”

——巴菲特

在巴菲特11岁的时候，跟着姐姐购买了3股城市建设公司的股票（一说是巴菲特说服姐姐进行投资），当时每股价格为38美元，不久之后，这些股票开始下跌，这让姐弟两人感到忧心忡忡，姐姐决定卖出这些股票，并且一直都在劝说弟弟赶紧出手，以免价格越来越低。巴菲特等了一段时间，见到股价好不容易上涨到40美元，就立即出售。最终在扣除佣金之后，他挣了5美元。庆幸自己没有亏损的巴菲特非常高兴，可让他没想到的是，接下来的日子里，这只股票一直上涨，并且攀升到了200美元的高价位上。巴菲特对此感到非常后悔，如果自己没有过分看重当时挣不挣钱，没有过分听姐姐的话，那么自己就可以获得几百美金的收益。

这件小事影响到了巴菲特的投资策略，他开始意识到两点，第一点就是当自己看准某一只股票后，不要轻易受到他人的影响。第二点是自己如果看准了某一只优质股票，就要长期持有，而不要计较短期内是否盈利，不要考虑明天是不是能够挣到钱。巴菲特的投资哲学就是“若你不打算持有某只股票达十年，则十分钟也不要持有”，在他看来，只要看准了某只股票，那么就要抱着长期投资的理念，不要把投资当成投机行为，不要在意股价一时的起伏波动，要知道巴菲特目前持有的排名前五的股票期权，持有时间基本上都有20年之久。

对那些长线投资者来说，企业未来的发展更加重要，企业是否具备未来的竞争力和发展动力，才是投资的基本依据，至于当前是否会挣到钱，他们往往不会纳入考量之中。有个投资人看中了一家能源公司，然后购买了2000万元该公司的股票，可是在前5年一直都在面临亏损，许多人建议他抛掉这些股票，拿着钱去其他项目上进行投资，可是他认为经过5年时间的布局，这家能源公司已经变得越来越成熟了，未来只会变得越来越好。果不其然，在之后的15年时间里，这家公司为他带来了20倍的回报。

有人说投资是一种耐力游戏，只有那些经得起等待的人才能够在游戏中获胜，而多数投资者最欠缺的恰恰是这种耐性，就像很多当初投资了微软公司、苹果公司以及可口可乐公司的人，他们也许在短短几个月或者一年时间内就宣布退出，可以说他们率先发现了商机，但是却没能长期持有。那些将目光锁定在明天、下个星期、下个月的人，往往缺乏投资的勇气和耐性，他们将投资当作一种速成游戏，而这无疑会让他们错失很多非常优质的项目。

好的投资项目是需要一个酝酿期和发展期的，在这段时间内，是存在起伏的，而且往往会在短期内出现亏损，它们的优势会在后半程凸显出来。有的投资人甚至做了分析，发现大部分优质的投资项目都会通过短期内的不景气来迷惑大家，这也就是为什么多数人都无法看出并把握住这些好的投资机会，毕竟多数人可能在最开始一轮的波动中就丧失了信心。巴菲特认为如果一只股票买入后只关注明天会怎样，那么它就会成为一个风险投资。

套用马云说过的一句话："今天很残酷，明天更残酷，后天很美好，但绝大多数人死在明天晚上。"在投资当中，人们真正应该看到的是5年以后的发展前景，这种发展前景通常和企业自身的发展方向、产业环境的变化息息相关，投资者应该对这些要素进行重点分析。那些成功的投资人，往往会对自己的投资做一个系统的分析。首先，他们会花费很长一段时间对某一产业的发展进行追踪和分析，也许是好几年，然后在整个产业中找到价格最佳的企业。其次，他们会在相关企业和项目现有发展的基础上进行评估，而评估的内容会有一个较长时间的跨度，很多人可能会设定10年的期限，一些人则会设定30年左右的趋势。他们可能会通过一些基本的模型来分析，在这个模型中，往往会将未来数十年的发展数据进行分析，而发展的前几个月甚至前几年基本上都会被平均掉，没人关心最初一段时间究竟会发生什么。

全球最大的创业孵化器Y Combinator的总裁萨姆·奥尔特曼是巴菲特的拥趸，他认为长期思维是“市场上仅存的几个套利机会之一”，在面对合适的项目时，他也会把长线操作当成唯一的选择。亚马逊总裁贝佐斯也是坚持用长期思维来指导自身行动的企业家，他会固执地花费7年的时间来衡量一个新项目能否成功，而其他大多数上市公司只愿意花3个月时间来做出衡量。当一个人愿意花费7年时间来寻找和评估优质项目时，自然也不会在意短时间内的变动。事实上，很多长期投资者都会表现出很强的战略耐性，通常情况下，他们更希望挖掘一些潜力股，而这往往非常复杂且需要很长时间的观察、分析的工作，类似于巴菲特这样的顶级投资者，有时候会花10年时间寻找一家合适的公司进行投资，然后决定花30年甚至更久的时间持有这家公司的股票。很显然，当一份投资把未来当作研究的核心并保持必要的战略耐性时，这一份投资很难不获得成功。

需要注意的是，人们对于长线投资和短线投资的把控也许和自身掌握的资源有关，当一个人身边的资源充足时，他的时间偏好（行为主体偏好现在更胜于将来）就会相对较弱，他对于投资的耐心会更强大，并不急于出手。而那些相对较穷、资源不充足的人，倾向于享受当下，为了确保自己能够生存下去，自然会丧失战略耐性，努力先把当下的机会把握住，这个时候就可能会向富人或者那些有钱的机构贷款了。可以说，很多人在投资中之所以看重明天会不会挣钱，本身就和自己的资源有关。而这是一个恶性循环，越是偏好现在，越难以积累财富，越是难以积累财富，越是表现出时间偏好。

投资需要借助长坡滚雪球的复利思维

“人生就像滚雪球，重要的是发现够湿的雪和一道够长的山坡。如果你处在正确的雪中，雪球自然会滚起来，我就是如此。”

——巴菲特

1972年，巴菲特花费2500万美元收购了喜诗糖果公司，之后这家公司的收益不断攀升，市值也不断增长，最终为巴菲特带来了几百倍的收益。这是伯克希尔第一笔重要的收购，之后，伯克希尔相继收购了更多的好公司，并且投资苹果公司、可口可乐公司、好市多，这些都给伯克希尔带来了不菲的收益，而收益的高增长所依赖的一个重要因素就是复利。

与这些企业增值相对应的是，巴菲特的个人财富也水涨船高，有人做过专门的统计，巴菲特在21岁时，拥有2万美元的身家。在26岁时拥有

14万美元的身家，30岁的时候已经积累了340万美元，37岁的时候积累了1000万美元的身家，43岁时拥有3400万美元的身家。而巴菲特的个人财富真正大增长的时间在60多岁，在66岁的时候，他已经拥有了178亿美元的身家，72岁时为368亿美元，83岁时变成了585亿美元，85岁时积累了608亿美元，到了2019年，他的个人财富已经突破了800亿美元。有人曾经将巴菲特的投资进行分析，发现从1957年开始，到2015年，巴菲特运用复利成功赚取了56674.73倍的钱，这是什么概念？简单来说，如果1957年有人愿意交给巴菲特1万元钱代为投资，那么到了2015年，手里的钱会变成5.667473亿元。

财富的增长一方面在于他投资有道，总是能够找到最佳的投资项目与企业，但另一方面在于长线投资理念下的复利思维，作为投资高手，巴菲特是将复利与时间结合得最出色的投资人之一。在2019年写给股东的信中，巴菲特就谈到了复利的问题："伯克希尔的3490亿美元在美国企业中是无与伦比的。通过长期保留所有收益，并允许复利产生所拥有的魔力，我们积累了资金，使我们能够购买和开发前面描述的有价值的树林。如果我们遵循100％的支付政策，我们仍将使用我们从1965年开始的2200万美元。"伯克希尔资产的累加就是依赖复利，如果没有复利，那么伯克希尔仍旧停留在2200万美元的资产水平上。

提到复利，很多人都觉得这是一个非常抽象的概念，但事实上，复利还是比较常见的。生活中最常见的复利就是银行储蓄，在很多长时间的存储模式中，利息会不断增加。假设将1000万元存入银行，而且存款的年利率是3%，那么一年之后的利息就是30万元，按照复利的增值模式，到了第二年，直接将原有的本金1000万元以及一年下来所得利息30万元并在一起算作新的本金，继续存银行，那么第二年年底的银行利息计算方式应该是在1030万元的基础上按照3%的利率进行计算。随着本金不断增加，利息也不断增加。对于存款来说，不考虑通货膨胀、货币贬值的因素，储蓄的时间越长，获得的收益也就越可观。

复利是一种利滚利的形式，基本原理在于将增加的利息当成本金继续投资，第一笔获得的利息将会同最初的本金一起作为第二笔投资的本金，然后新获得的利息会连同第二笔本金作为第三笔投资的本金，以此类推，只要投资时间够长，获得利息的次数不断累积，那么获得的最终收益就会不断增加。当时间推得越长，利息积累的次数越多，那么收益也就越大。

假设某人投资某个项目，利息每周增加1%，那么一年之后就意味着已经有52周都在增加1%，而这种增长是以指数的形式进行的。换句话说，一年之后的收益等于本金乘以1.01的52次方，而1.01的52次方约等于1.7。也就是说，即便按照每周1%的微小增长率，一年以后也会增加1.7倍。如果人们投资了2000万元，那么按照每周1%的增加率，一年以后的总收入会变成3400万元，这也就意味着一年就产生了1700万元的纯收益。如果这个投资人每周都将获得的1%的收益取出来，那么最终不过是增加了52%的量，即一年后的总收入为3040万元，纯收益为1040万元。两相对比之下，通过复利的形式，可以多挣到360万元。

假设每周的增长率为10%，那么按照一年的周期来算，最终的收益增长了142倍，这就意味着2000万元的本金投资会变成28.4亿元。而按照每周取出利息的单利模式，一年后的总收益为3.04亿元。两相对比之下，差距会进一步拉大。

在复利计算模式下，资本呈现指数式增长，而它依赖两个条件来最大化地提高资本总量，第一个就是利息的额度，如果利息额度越高，那么按照指数计算之后的数额会开始增加。第二个就是复利计算的时间跨度，时间越长的话，利滚利的资本积累越大。对于长线操作者来说，一定会想办法提高利息的额度以及延长时间的跨度，确保复利产生最大的效益，这样才能发挥出长线持有股票的效用。比如很多人在投资时会尽量选择月收益增长为5%的项目，而不是2%的项目，但是如果2%的利息增长时间为3年，而5%的利息增长为3个月，那么显而易见的是月收益2%的项目更值得投资。

投资那些真正能够持续盈利的公司

“如果伯克希尔出任何问题我都会感到不快。我们肯定想打造一种有持久力的复合成长，现在也正是在走向这样一个正确的方向。”

——巴菲特

巴菲特认为，一家企业是否优秀，最基本的参考点就是盈利，而且是持续盈利增长，盈利永远是考量一家公司是否优秀的关键因素。而从本质上来说，除了企业真正的利润，股票投资者作为一个整体，不可能从股票市场多赚一分钱。因此在巴菲特看来，一个正确的合理的投资，最基本的一点就是获得更多的投资回报，但这种投资回报并不是建立在其他投资者或者企业亏损的基础上的，合理的投资回报应该来自企业利润，只有企业获得了更多的利润，股市存在的基础才会更加牢固，股市的发展才有了根本的动力。自然而然，这种利润不一定要在现在获得，最重要的是未来的收益是否可以处在一个高位水平上。

在所有的投资中，巴菲特都始终坚守自己的投资原则，那就是不采取投机的方式获得利益。许多精明的投资者会将投资放在一些发展不良甚至出现亏损的普通企业上，这些企业并没有什么过人之处，企业的内在价值也很一般，无法支撑起未来的发展。但是投资人为了挣到钱，还是会投入大量资本，而这样做，就是为这家普通企业造势，吸引更多的投资者购买公司的股票，等到投资者蜂拥而至推高股价时，精明的投资人就会抛售股票，这个时候，其他购买股票的人就被套住了。这一类投资获利其实就是以其他投资人的亏损为目标的。

巴菲特非常反感这种投机操作行为，他觉得一个真正的投资人需要将目光放在那些优秀企业上，需要确保自己的投资获利来自企业利润的增长。无论是投资那些优秀的大企业，还是投资了一些问题重重的企业，巴菲特从来没有想过用其他投资者的钱来满足自己的私欲，类似的操盘和误导行为是他所鄙视的。“钱不是问题。我们可以杠杆化，然后卖掉，赚很多钱，成功赚得更多，失败也可以捞一笔，但这不是我们运用的模式，我们的收购不是遵从这样的宗旨。”

对于其他很多投资人来说，巴菲特的操作方式具有很强的现实指导意义，因为只有真正找到优秀的、能够产生大量盈利的企业，投资才能长期获利，才能在一个更稳健的平台上增值。反过来说，如果只是想着随便找一家公司去投资，制造声势套取其他投资者的钱，那么很有可能会自食恶果。

对于任何投资者来说，企业盈利都应该作为投资的重要标准，比如当一家公司在较长时间内每年都可以产生20%的收益时，人们没有任何理由拒绝这家公司，即便这家公司可能存在一些管理上的问题，存在一些糟糕的决策，存在一些不合理的运作模式，但能否盈利始终是投资者最应该关心的。反过来说，如果一家企业虽然拥有不错的品牌影响力和企业规模，市场也很大，但就是无法获得盈利，那么就要慎重做出投资选择。

很多传统的企业在过去二三十年时间里，拥有很强的竞争优势，可是随着时代的发展，这些大企业开始没落，它们已经无法获得更高的盈利，甚至开始出现亏损，这类企业基本上没有必要进行投资。就像如今的IBM公司和诺基亚一样，盈利能力大不如前，而且从发展趋势上来说，已经越来越接近被淘汰的边缘，尽管这两家公司的体量还在，品牌影响力也在，但已经无法实现可观的盈利了，已经无法像过去那样在市场上一呼百应了。你无法想象巴菲特还会重新购买IBM公司的股票，也无法想象他对通用汽车公司的股票会非常着迷。毕竟当一家企业缺乏利润或者说发展的步伐越来越沉重的时候，基本上已经失去了投资的空间了。

盈利是企业发展的基础，也是支撑企业现金流的关键，只有在那些盈利还不错的企业上进行投资，长期的投资策略才能发挥效用。如果企业始终不温不火，那么就应该放弃这笔投资，转而寻找更优质的项目，或者寻找盈利更高的企业。投资者所把握的这种盈利首先应该是投资净利润，正如巴菲特所说，“当我们说‘赚’时，我们描述的是扣除所得税、利息支付、管理费用（无论是现金还是期权）、重组费用、折旧、摊销等费用之后的净利润”。其次，这种盈利是需要一个时间跨度的，当前的发展基础以及未来的盈利模式是投资者应该看重的，如果企业的盈利模式只能维持短期的收益，那么这家公司同样需要谨慎投资。

持续的盈利是巴菲特投资的核心理念之一，也是巴菲特寻求优质企业的基本依据，在巴菲特看来，大多数失败的投资都在于人们并没有将盈利以及持续盈利增长作为考量的标准，短期内的投机和炒作以及对企业短期内发展的简单分析，都让投资失去更大的意义。在巴菲特的很多失败操作中，就是因为没有预估到这些企业会在一个更长时间内产生盈利和价值，像投资IBM就没能达到预期的收益（对巴菲特来说这就是失败的），所以他减持了部分IBM公司的股票。

因此，对于任何投资人而言，在挖掘那些优秀企业的时候，需要明确优秀企业在盈利方面的特质，就像世界上大多数优秀甚至伟大的企业一样，持续的盈利增长是它们吸引投资者的重要原因，也是保持强大竞争力的关键。它们在第一年可以获得盈利，在之后的10年、20年时间甚至更长的时间段里也应该获得盈利，而且最好是逐年增加的趋势，这样的企业才能展示出强大的生命力。

不相信也不执着于对市场做出预测

“预测或许能让你熟悉预测者，但丝毫不能告诉你未来会怎样。”

——巴菲特

联想到巴菲特在投资方面获得的巨大成功，人们自然而然会相信他一定提前做了很多预测工作，对市场的发展进行了精密分析和预测，从而确保自己的投资行动会踩在正确的方向上。但事实并非如此，巴菲特也许会对未来的一些发展情况做出预测，但这种预测在他操作中所占据的比例很小，他不会让自己的预测来左右对投资的判断。

预测工作对于某些领域的投资也许是必需的，但从来都不是必要的，成功的投资者通常不会依赖对市场走势的预测，因为市场本身就是变化的，未来的发展也充满了各种不确定性，无论是自身的发展情况还是标的的变化，又或者是环境的发展，这些都充满了变数，人们想要精准地做出预测，这无疑会让自己的工作变得更加复杂，会让自己在反复的推演和分析中做出错误分析。巴菲特从来不会执着于对市场做出预测，对他来说，这根本就是无法走通的一条路，如果依靠市场预测，也许自己和伯克希尔公司早就破产了。

单纯从预测上来说，也许巴菲特和其他普通投资者没什么区别，其他一些成功的投资者也是如此，他们不太可能在这些事情上占据什么优势。看看巴菲特曾经错失了谷歌公司，错失了微软公司，也错过了最好的亚马逊（没能在低价时购入股票），这些都和他不看好相关公司的未来发展有关，如果巴菲特真的擅长市场预测，那么就不会失去那么多的机会，那么他可能早就是世界首富了。巴菲特能力很强，但是在市场预测上并没有表现出众，他曾在20世纪70年代预测纺织业会迎来发展机会，于是加大了投资，结果纺织业日薄西山，旗下的纺织公司遭遇重大亏损，那些已经购置的产品和机器只能按照废品处理掉。

还有一个著名的金融大鳄索罗斯，这位曾经在国际股市掀起风浪的投资人，是世界上少数几位最优秀的投资人之一，开始他也经常在市场预测中出错。最典型的就是1987年10月，美国股市崩溃前的一个月，索罗斯在接受一家报纸的采访时，对美国股市做出了预测，大意是说美国股市的股价虽然很高，但是还会继续增加，它们在短期内不会下跌，也不太可能出现暴跌，因为日本股市比美国还要疯狂。不久之后，日本股市崩盘，美国股市也崩盘，短短一周时间内，索罗斯的量子基金在这一次美股暴跌中损失了3.5亿美元。巨大的损失让索罗斯忍不住自嘲：“我在金融上的成功与我预测事件的能力完全不相称。”

事实上，市场预测是一个不怎么靠谱的行为，巴菲特甚至对市场预测毫不关心，在他看来市场上存在几百万人以及几亿个决策，这些决策基本上都是基于相似的信息做出的，但基本上代表了个体对市场片面的看法，市场就是个体行为相互作用形成的。这是一个非常复杂的系统，人们无法通过对个案进行分析从而间接对市场做出预测，无法了解其他几百万人、几千万人在想些什么，这样的预测本身就是不合理的。

巴菲特在这一点上深受老师格雷厄姆的影响，但两个人还是有一点差别，两个人都认为市场预测非常困难，格雷厄姆会进行尝试，而巴菲特认为那是一种错误的规范，尤其是华尔街的精英们可能会反复强调市场预测，这种强调不过是为了更好地诱惑和剥削他人的资金。试想一下，如果有人真的可以预测市场，那么只需要通过期权等金融工具，他就可以迅速成为世界首富。有些合伙人对于市场预测非常感兴趣，经常会给巴菲特打电话，让他注意那些市场进一步被看低的股票，巴菲特的回答很精辟：如果合伙人此前就知道了市场会被看低，那么之前几个月为什么不早点提醒他呢？如果合伙人此前不知道市场会继续低迷，那么又如何通过现在的情况对未来一段时间的市场发展做出预测呢？

在他看来，市场预测就是一个伪命题，而这个命题之所以经常“成立”，不过是因为人的贪欲，通过历史发展做出预测，通过某个经济现象做出假设，这些都存在巨大的缺陷。如果市场真的可以被预测，那么就不会有更多的人破产了，要知道每年都有大批擅长股市分析和市场预测的基金经理人输给市场，输给指数。而巴菲特没有对市场进行预测，没有预测到那些重大事件的发生，但即便如此也依旧积累了比其他任何一位投资者都要多的财富。

许多投资者都喜欢预测市场，或者喜欢听从那些预测市场的人，他们觉得市场发展有其自身的规律，因此只要按照这种规律进行分析，就可以找出未来发展的基本模式，但事实上关于市场预测的规律性分析并不完全合理，而且任何一个小的因素都可能会影响市场走向，例如谁也不知道美股在2020年年初会出现熔断一样，因为石油危机以及新型冠状病毒肺炎的暴发本身就是不可预测的。

前美联储主席格林斯潘说过："传统预测总体经济发展的计量经济模型，在最需要它的时候失灵了。到底哪里出了错？为什么几乎所有的经济学家和决策者都眼盲心盲，没看到灾难的来临？怎么这么多的专家，包括我在内，未能看到它接近？"

从某种意义上来说，投资者实际上处在一种缺乏格局的状态中认识市场，他们最应该做的不是预测市场，而是争取找到正确的部位和正确的层次来把握公司层面的发展情况。市场不可预测，但是通过研究公司的管理格局、金融格局以及战略格局，就能够对公司的发展做出一个较为合理的预测，但这种预测本身也存在很多不确定性。因此，对于投资者来说，不要试图去对市场做出什么预测，这是一件吃力不讨好的事情，而且往往很危险。

要学会慢慢积累财富

“很多时候，人们宁愿得到一张下周可能会赢得大奖的抽奖券，也不愿抓住一个可以慢慢致富的机会。”

——巴菲特

亚马逊的创始人贝佐斯非常敬佩巴菲特，有一次他询问巴菲特：“你的投资理念非常简单，为什么大家不直接复制你的做法呢？”巴菲特有些无奈地笑着回答：“因为没有人愿意慢慢变富。”

“没有人愿意慢慢变富”，这句话几乎指出了投资者身上最大的缺点，或许也是人类身上的一个共性，而这个共性的本质就是贪婪和急功近利，绝大部分人在遇到一个盈利的机会时，第一想到的肯定是自己是否可以在短时间内挣到大钱，是否可以在短时间内成为富翁，从大家疯狂投资股市、疯狂购买地产、疯狂进行一些时髦的产业投资，就可以看出，人们对于财富的速成大法非常在意。并没有多少人愿意像巴菲特那样关注“如何挣到一千美元”的那些方法，也没有多少人会像巴菲特那样愿意在一个项目上投资几十年。

在接受采访时，巴菲特曾经直言不讳地说自己一生中超过99%的财富都是在50岁以后获得的，他的财富积累之路比很多人都要漫长，他不像比尔·盖茨、贝佐斯一样，在短时间内就积累了丰厚的身家，巴菲特是典型的依靠时间来盈利的投资者。他曾经举过一个例子， 在1900年，道琼斯指数只有65.73点，到1999年，它已经涨到了11497.12点，直接上涨了176倍。听起来这个数字非常可观，但事实上将上涨的额度除以年限，就会发现它的年复合增长率只有5.3%。很多人如果一开始就知道年复合增长率只有5.3%，肯定不会投资，因为这不划算，在市场上可能有很多投资都远远超过这个数字。巴菲特却不一样，他可以花几十年时间坚持自己的投资，持有同样一只股票，最终成为超级富翁。

在日常生活中，可以见到很多类似的对比，比如一些普通的零散工的工资可能也比较理想，每天可能挣到300~500元，但是这类人一年的工资基本上只能维持在50000~60000元，他们看中的是工资的日结，对于挣钱的期限容忍度最低，因此一些暂时不发工资的工作会拒绝，一些工资较低的也会拒绝。一些有技能的打工者每个月可以挣到7000元，一年的收入为90000~100000元。他们喜欢每个月都见到钱，这会给予他们更高的安全感。一些投资人和企业家的获利时间往往是按照年来计算，开始一段时间，他们可能什么钱也挣不到，甚至会不断投入成本，但是一旦投资标的成熟，他们的收入可能为几十万或者几百万元，甚至达到几亿元，尤其是一些长线投资者的获利，往往可以达到数十亿、数百亿元，但是投资时间可能长达几十年。

很多人甘愿去当散工，甘愿去打工且每月领取固定的工资，原因就在于他们对于财富的等待时间非常有限，相比于在长时间内慢慢积累财富，他们对于当前获得的可观收入更容易动心，而对于未来获得的慢反馈并没有什么耐心。在当前竞争日益激烈的生存环境中，人们对于快速挣钱的渴望只会越来越激烈，快速挣钱、快速晋升、快速成名，成为多数人的生存准则，一些人在一家公司中只愿意待上2~3年的时间，因为觉得工资太低，回报太慢，却不知道自己待的时间越长，积累的经验越多，在公司里的地位越稳固，在老板心中的地位越来越高，对于公司的发展也越来越重要，个人阅历和业绩的提升，最终会让自己在公司中获得一个较为圆满的结局。在长线操作中，除了复利之外，有很多重要的东西都会得到增加，个人的经验、个人的理性、个人的思维、个人的耐心，都会全方位得到增长。

心理学家安吉拉说："世界上聪明的人很多，你能想到的别人也能想到，最终你能在聪明人中间赢，是因为你比别人更加坚毅。只有坚毅的长期主义者，才能成为时间的朋友。"利用时间来获得财富的积累是一个明智的选择，时间会带来更高的复利，会带来更强的稳定性（相对短期波动），会带来更稳定的投资模式。一个短期投资的人，他的灵活性看起来非常强，但由于频繁更换投资标的，实际上的操作成本很大，而且操作的波动也很大，很容易失手。

一个有能力的投资者或者一个聪明人，也许会在某一次投资中挣到100万元，并且只花费半年时间，可是他在未来的二十年时间里可能也仅仅积累了这笔资产，甚至在其他的投资中亏掉这笔钱。而一个看上去每天盈利不多的投资者，经过二十年的积累和完善，可能会获得300万元的财富。

在投资中，慢回馈思维非常重要，它有助于投资者站在一个更长远的角度上来对待财富的积累问题，投资的慢回馈看重的是长线持有的复利，看重的是稳定性，看重的是一种积少成多的累积效应，重要的是个人的投资理念以及耐性都会得到增强。这也是一种理性的投资状态，它符合事物发展的基本规律，即任何事物的发展都是一个累积的过程，从无到有，从有到多，从量变到质变。财富也是如此，短期投资中一夜暴富的财富往往来得快去得也快，只有建立一个良性的积累和成长过程，财富才能实现厚积薄发。

第三章

巴菲特的决策理念——将自己的思想与人群分开

通常情况下，人们会强调智商在决策中的作用，认为高智商的人往往可以更好地把握住投资机会，但在巴菲特看来，一个人足够聪明也不见得能够做出最合理的决策，过分聪明和自信的人可能会做出一些不理智的行为，因此巴菲特这样说道：“我要告诉你的好消息是，成为伟大的投资者，你不必有惊人的智商。如果你 IQ 高达160，卖给别人30点吧，因为在投资上你不需要那么聪明。你需要的是正确的‘气质’，你要有能力让自己不受他人看法左右。”

别人贪婪时我恐惧，别人恐惧时我贪婪

“我总是在一片恐惧中开始寻找。如果我发现一些看起来很有吸引力的投资目标，我就会开始贪婪地买入。但我首先会关注任何投资失败的可能性。我的意思是，如果你肯定不会亏钱，你将来就会赚钱。这正是我们一直做得不错的一个原因。这一点是我在20岁时从我的导师格雷厄姆那里学到的。”

——巴菲特

2020年3月10日，美股触发了史上第二次熔断，CBOE波动率指数也创下了2008年金融危机以来的新高，3月11日的时候，巴菲特在接受采访时谈到了美股的灾难性表现，他对此表现得比较淡定：“如果你在市场坚持足够长的时间，什么事情都能见到。我活了89岁，之前从来没有过这样的经历。”巴菲特觉得这一次引发的市场波动和新型冠状病毒以及石油价格下跌有关，这样的波动只是一个正常的现象，要知道2008年的

金融危机比这一次还要糟糕，当时就连货币市场基金和商业票据市场也笼罩着恐慌气息。

对于巴菲特来说，早在2月底美股开始下跌的时候，伯克希尔·哈撒韦公司就毫无预兆地增持了达美航空大约97万股的股票，这些股票价值4530万美元（每股大约47元），而其他人并不看好这只股票。到了3月，美股持续下跌，这个时候，巴菲特选择抄底达美航空，据说成本在45.48~47.14美元。而如今这家公司的股票还在下跌，许多人认为巴菲特这一次又看走眼了，可能会在2020年做出第一笔失败投资，甚至会是最近几年来最惨痛的失利。事实上，达美航空的股票还在下跌，甚至跌破了巴菲特预期的下限，但巴菲特还是并不在乎，外在环境的变化对股市的冲击的确很大，但这不会影响他的投资决策。

这正好对应了巴菲特常说的那一句话："别人贪婪时我恐惧，别人恐惧时我贪婪。"从某种意义上来说，这就是巴菲特重要的投资理念之一。关于贪婪和恐惧的二元辩证体系，本质上并不是个人情感的表现，而是一种投资思维，真正善于投资、真正拥有强大投资大脑的人，本身就能够合理把握好贪婪与恐惧的关联性，懂得什么时候应该保持贪婪，什么时候需要保持恐惧。但是更多的人在市场上都容易被迷惑和误导，他们缺乏更为冷静的大脑和出色的分析能力。

比如1987年10月，美国股市出现了一次"十月大屠杀"，股市在短时间内直接断崖式下跌了1000点，这直接导致一大批股民从百万富翁、千万富翁一夜之间沦为赤贫，更多的人因为破产而自杀。而这一次"大屠杀"不是偶然发生的，它在到来之前给了股民足够的信心加大投入，因为从1982年开始，股市连续5年都处于牛市，股民们都被这种盛况给麻痹了，觉得美国经济一直都会发展下去，美国股市也会一直飘红。而当所有人都在贪婪地期望获得更多利益的时候，股市突然变脸，大家甚至还来不及抽身，财富就被席卷一空，而只有少数有眼光的人能够全身而退，他们早就在这种不寻常的“牛市”中嗅到了经济危机。

经济灾难在到来的时候，通常都会取悦那些追逐资本的参与者，都会麻痹他们的感知能力和分析判断能力，很多人最终会在盲目中犯下错误，最终为自己的贪婪付出代价。但市场的波动本身是有高峰和低谷的，危机过后，往往又会出现新的机会。在1987年“十月屠杀”之后，许多出色的投资者看准时机，在经济最低谷的时候以低成本购入股票，然后把握住了经济上行期的收益空间。一个最典型的例子就是可口可乐公司，在1989年，股市还处于低迷期的时候，当时的可口可乐公司股价已经跌去了四分之三，大部分投资者都对这家公司敬而远之，但少数几个大胆投资可口可乐公司的人最终却发了大财，因为在短短几年时间之内，这家公司的股价就翻了好几番。巴菲特就是其中之一，他购买的可口可乐公司股票在10年时间里翻了10倍，直接从10亿美元左右上涨到100亿美元。

2008年爆发的次贷危机也是一样，在这之前，由于房地产的良好势头，许多人都觉得美国房地产是世界上最坚挺的产业，不可能出现全国范围的下降，所以他们疯狂借贷，而大量的次级贷款公司也应运而生，大家都在欣欣向荣的市场大环境中投机，很多信用不佳的人可以轻易获得贷款机会，这让整个行业的标准变得越来越低，但是谁会真正在乎这些呢？那些没有钱的人轻易就获得了贷款，就买下了房子，而更多新的次级贷款公司也不断依靠业务疯狂生长。在问题变得更加严重之前（确切地说，是从恶性状态彻底滑入深渊之前），只有极少数有远见的人意识到了这些危机，并且成功避免，而更多的人则在这场次贷危机中变得一无所有，房子、公司、银行都在遭受前所未有的冲击。但也有很多聪明人在大家都感到恐惧的时候，另寻他路，找到了逆势而上的盈利空间，像约翰·保尔森这样出色的投资者，更是在一年时间里就挣到了37亿美金。

一个非常有趣的经济学现象是，市场从来都不是跟着众人的期望走的，当多数人都觉得市场会呈现出怎样的状态时，市场最终会给那些贪婪的人以及野心勃勃的跟随者一盆冷水。同样地，当多数人都在恐惧或者犹豫不决的时候，市场最终会为那些勇敢的投资者打开财富的大门。人们无法建立起更加复杂的、精确的思维，也无法建立起类似于查理·芒格（巴菲特的搭档）所说的那种思维模型，因此只能选择跟随大众行事。

市场本身存在很多不稳定因素，最根本的原因就是市场的盲目性，由于市场的各种盲目表现，人们通常都会受到错误的引导，贪婪与恐惧的投资理念就会经常颠倒、混乱，甚至纠缠不休，这样的投资决策往往会引发失败。真理掌握在少数人手里，市场同样也掌握在少数人手中。

但无论是贪婪还是恐惧，并不意味着要直接站在众人的对立面上做决策，真正的投资或者单纯的经济决策，都必须建立在更为理性的分析基础上，换言之，人们必须建立起更加科学的思维模型，这样才有可能像巴菲特一样，透彻地对市场做出分析，才能透彻地理解市场行为背后的规律，从而真正做到“别人贪婪时我恐惧，别人恐惧时我贪婪”。

保持独立思考的能力和内心的平静

“我有一个内部得分牌，如果我做了某些其他人不喜欢，但我感觉良好的事，我会很高兴。如果其他人称赞我所做过的事，但我自己却不满意，我不会高兴的。”

——巴菲特

在几十年的投资生涯中，巴菲特几乎处于一种矛盾的舆论当中，一方面，他在投资生涯中积累了一大批忠实的拥趸，大家都将他的投资理念奉为圭臬；另一方面他的投资伴随着外界的质疑，伴随着否定，很多人觉得巴菲特过于另类，这会让他遭遇困境。比如在2018年伯克希尔公司的年会上，巴菲特谈到了一件往事，“我以前的岳父在还没有成为我岳父的时候，1952年他要跟我先谈谈话，在我被允许娶他女儿之前，我不太情愿，但我还是去了，跟他坐在一起。他说沃伦，我要告诉你一件事，你绝对会失败的，因为我知道以后民主党当政，你到时就会失败，不是你的错，但是他那个时候的言论就是这样子的。他讲我以后会穷得没有饭吃等，说都是我的错。我于是就买股票，每一次一点点地赚一些钱。并不是说我要显示我过得还不错，而是我就这么做了。我看到很多美国人以及美国公众的意见，以及在媒体发布的一些言论，但是我们都可以顺利地度过这些境界”。

对于未来岳丈的忠告，巴菲特一直保持置若罔闻的态度，相比于岳父对局势的分析和判断，巴菲特更加相信自己的眼光，更加相信自己独立思考的结果。除了岳父的劝说之外，一些好朋友也会给巴菲特一些建议，其中一些适合巴菲特的心意，但是很多建议则不同于巴菲特的看法与理念，这个时候，他就会坚持按照自己的看法行事。

微软总裁比尔·盖茨和巴菲特是非常要好的朋友，他还是巴菲特董事会的成员之一，可是巴菲特从来没有想过要购买微软公司的股票，比尔·盖茨甚至亲自充当说客，他告诉巴菲特自己对于科技公司的一些见解，也提供了一些不错的投资思路，但在巴菲特看来，自己对科技股不够了解，也没有投资科技股的打算，他承认自己与盖茨之间存在很大的分歧。许多人觉得巴菲特很傻，因为只要改变一下思路，多购买一些微软公司的股票或者其他科技公司的股票，那么情况就会立即变得更好。可是巴菲特没有受到任何人的影响，而是坚持自己的看法，他觉得如果自己买对了这些股票，对于伯克希尔公司的发展不会起到太大的作用，一旦买错了就会给股东造成巨大的损失，他绝对不允许在这样的事情上轻易冒险。

查理·芒格对于巴菲特的这种定力以及独立思考的态度非常赞赏，

他认为，“当外部因素以某些方式结合在一起——或者更常见的是，有个人像魔术师那样故意地操控你，使你的认知出现错乱——这个时候的你就成为任人摆布的傻瓜了”。尽管他觉得并不是所有的建议和外部干扰都是恶意的，但他和巴菲特一样，都主张按照自己的意愿行事，即便有时候自己也会犯错，但是保持独立思考以及内心的平静会是投资者身上最重要的一个习惯。

保持独立思考是正确进行投资的先决条件，而很多人都容易受到外部环境的影响，容易将焦点放在其他人身上，人们会听信多数人的想法和决策，或者会偏信那些所谓的权威人士和专业人士，但是这种信任有可能会让自己陷入陷阱，尤其是一些借着权威的幌子骗人的“专家”，往往会给出错误的指导。迷信一些专家的指导，会让投资者丧失独立性。在巴菲特看来，“如果你在股票市场上不能有独立的想法，那你的投资注定不会成功”。

巴菲特说过，自己的投资一般都会坚持几个原则：不理会股市的涨跌，不担心经济情势的变化，不相信任何预测，不接受任何内幕消息，只注意两点：第一，买什么股票；第二，买入这些股票的价格。这是伯克希尔的一个基本原则，也是伯克希尔可以越做越大的基本保障，“我们不会因为重要人物、权威人士或者很多人同意我们的意见，就能从中得到慰藉。反之，也不能。公众的民意测验绝不能代替思想”。

对于企业或者投资者来说，想要做出科学合理的决策，想要让自己处于一个正确的投资方向上，那么就要保持思想的独立性和内心的平静，思想上的独立能够确保决策者不会受到外在的干扰，内心的平静则是做出合理分析和决策的保障，而最终的目的都是让自己在一个理性的状态中投资。很多人喜欢听从他人的声音，甚至产生从众心理，目的在于减少内心的恐慌，当人们意识到自己只要遵从多数人的意志或者听从那些“权威人士”就可能会少犯很多错误时，往往会做出妥协，甚至在一些自己原本有把握的事情上做出调整。这种迎合他人的想法更多的不是源于理性的分析，而是一种安全感的缺乏，而这样的行为往往从一开始就是不合理的，因为多数人的想法不一定就是正确的，甚至在很多时候是错误的，真理往往掌握在少数人手中。

从理性的角度进行分析，那些权威人士如果真的可以做出好的预测和指导，那么他们自己为什么很少去投资呢？而要在电视或者网络平台上充当专家和导师的角色？原因只有一个，这些所谓的专家可能只是在设套，或者随便用一些分析糊弄过去，其结果对于大众投资者来说都是不利的。

巴菲特说过：“经理人在思索会计原则时，一定要谨记林肯总统最常讲的一句俚语：‘如果一只狗连尾巴也算在内的话，总共有几条腿？答案还是四条腿，因为不论你是不是把尾巴当作一条腿，尾巴永远还是尾巴！’这句话提醒经理人就算会计师愿意帮你证明尾巴也算是一条腿，你也不会因此多了一条腿。”他期待着伯克希尔公司保持独立性，“当前的制度，无论对股东来说有什么缺点，都对CEO、许多顾问和其他热衷于交易的专业人士是非常有效的。当考虑华尔街的建议时，一个值得尊敬的警告将永远是正确的：不要问理发师你是否需要理发”。

而对于从众者来说，即便自己真的获利，恐怕也只能获得一些平均收益。就像1个人投资某个盈利项目，与100个人投资这个盈利项目，其结果肯定会天差地别，当越来越多的投资人进入市场时，盈利就会被分割。

对于那些最优秀的投资人来说，保持独立思考和理性的投资态度非常重要，这是他们从众多投资人中间脱颖而出的关键。有很多人说巴菲特成功靠的是运气，可运气不会连续几十年眷顾同一个人。成功的投资并不一定要另辟蹊径，但绝对需要保持独立性和理性，即便有时候这种独立性会导致人做出一些错误的判断，但是这种习惯无疑会让他们在今后的投资中获得更多的收益。

主动与顾客交谈，为自己的决策铺路

“我将如何处置它？我该考虑哪些东西？我该担心什么？谁是我的竞争对手？谁是我的顾客？我将走出去与顾客谈话。从谈话中我会发现，与其他企业相比，我这一特定的企业的优势与劣势所在。”

——巴菲特

吉列公司是巴菲特非常看重的一家公司，而在投资吉列公司时，巴菲特就对这家公司的产品非常看好，原因就在于这家公司总是能通过与顾客的交谈来找到迎合市场的产品。如果说吉列公司中的剃须刀迎合了男性剃须市场先天的需求，那么开发女性产品则是一种深度挖掘市场的体现。1992年，吉列公司推出了女用敏感性脱毛刀片，这样的脱毛刀片在爱美的女性群体中大受欢迎，当时吉列公司专门进行了市场调查，得出女性市场的需求时才大胆创新，推出了女性用的脱毛产品。

到了2000年，吉列公司又推出“维纳斯”的女用三刀片，这款产品可以非常高效地帮助女性脱掉腿毛，这一款产品在推出之前，同样经过了长时间的市场考察，充分了解了顾客的需求，因此产品一经推出就产生了热烈的反响，而巴菲特对于吉列公司的做法非常认同，于是坚定了自己的投资选择。巴菲特甚至开玩笑说：“从那以后，我想得更多的不是男人的脸，而是女人的腿了，因为男人刮脸只要1块刀片，而女人要用3块；可是后来，我发现自己还是必须想男人，因为总想女人的腿会让我睡不着觉。”

吉列的成功模式实际上让巴菲特看到了吉列公司的与众不同，不仅如此，巴菲特也通过与顾客交谈，了解了吉列公司产品的价值与优势，这让他对公司的发展充满了信心，也为长期投资做了充分的保障。在投资苹果公司的时候，巴菲特也曾与苹果客户交谈，通过客户的想法和需求来了解苹果产品在市场上的影响力，“苹果公司最打动我的地方是，拥有一个很有黏性的产品，苹果手机人人爱用，而且特别有用。我确实根本搞不懂苹果实验室里研究的那些高科技的东西，但是有一点我很懂，那就是苹果产品在客户心里的地位，因为我花了很多时间和苹果的客户闲聊”。

在谈到通过目标公司的客户来了解企业价值时，巴菲特还谈到了美国汽车制造商在小型节能汽车需求方面的一些经历，美国汽车制造商曾经一度忽视小型节能汽车的需求，尽管当时有不少人都期待着市场上出现这一类产品，但是汽车制造商们对此视若无睹。由于美国汽车制造商的迟钝和自大，大量顾客被外国竞争对手抢走，很多美国人都从国外厂家购买小型节能汽车。美国汽车制造商很快意识到了问题，于是放低姿态，认真倾听国内顾客的想法和需求，最终决定制造各种混合动力汽车和小型汽车，而此举很快带动了市场，市场上的销售额开始快速增长。

在日常的管理和决策中，企业经营者往往会陷入想当然的状态，觉得企业应该按照自己的想法行事，觉得市场应该会接受自己的产品，觉得自己的布局会取得很好的效果，但事实上，企业的好坏，企业的优势与劣势往往需要在市场中验证，而倾听顾客和客户的声音无疑会让企业对自身发展有一个更加明确的认识，对企业发展方向和运作方向有一个更合理的判断。

优秀的管理者和经营者非常注重独立思维的培养，但独立思维并不意味着就要冲动行事，就要完全跟着主观意念去走，适当听取外界信息无疑会让自己的独立思想更加成熟。随着市场经济的完善以及竞争的日益激烈，企业不再是市场的中心，客户才是，企业需要围绕着顾客和客户转动。如果对最近几年的企业管理模式与组织结构进行分析，就会发现越来越多的企业开始将组织结构的变革以及权力体系的变革往一线倾斜，这样做的原因很简单，因为一线是最了解市场的，一线对于市场的感知度决定了整个企业对市场的感知度，当然，前提是放权，只有企业管理者主动接触市场，让一线掌控部分决策权，整个企业的灵活性才会被调动起来。

企业的开放性首先应该体现在对市场的开放和感知上，管理者不能让企业在一个封闭的状态中研发、生产和销售产品，如果与市场脱节，那么那些先进的技术、出色的管理体系，都可能会沦为无价值的东西。对于那些无法赢得市场的企业来说，想要获利非常困难，发展也会受到阻碍，这样的投资也会面临亏损。

所以，对于管理者和经营者来说，最好的经营方式与投资方式就是主动和顾客接触，从顾客那里了解到他们最需要什么，他们最喜欢什么，只要把握住顾客的需求，也就把握住了市场，这样企业在运作的时候就可以有意识地为顾客的需求服务，同时改正甚至裁掉那些不合理的项目。巴菲特认为那些懂得掌握顾客需求的企业，往往具有更好的发展空间和投资空间，这些企业也往往是他看重的，如果说顾客对这家企业不看好，或者觉得这家企业缺乏活性，那么巴菲特可能就会将这些意见当作投资考核的一项标准。在经营喜诗糖果的时候，伯克希尔就坚持对顾客负责的态度，为顾客提供期望的质量和服务，而不是自作主张，想当然地进行各种花式营销。

总的来说，企业最终是要面向市场的，也必须依靠市场存活下去，因此管理者必须确保企业与市场建立起更加紧密的联系，确保企业能够在第一时间感知到市场的需求与行情，这种感知能力不是主观的臆断，而要求与顾客进行更多的接触，通过市场调研、消费记录收集、面对面沟通等方式，来精准地把握住市场需求。

谨慎且巧妙地运用杠杆

“查理·芒格和我不会去做，我们目睹过一些智商很高的人因为做杠杆最终把事情搞砸。”

——巴菲特

在巴菲特的投资理念中似乎是没有杠杆的，杠杆通常是投机者才喜欢使用的工具，而巴菲特对它始终不怎么感兴趣，并且告诫其他人不要盲目使用杠杆，尤其是那些非专业人士，但是这并不意味着他就要彻底排斥和完全反对杠杆，在特定的情况下，在特定的行业中，他还是会谨慎且巧妙地使用杠杆来进行投资。比如巴菲特非常喜欢使用浮存金这一杠杆，它是一种相对比较安全的工具，尤其是对伯克希尔这样大体量的公司而言。

保险浮存金其实是保户向保险公司交纳的保费，保险公司暂时管理这笔不属于自身财产的资金。在财务报表中，这属于“应付账款”，属于保险公司债务的一部分。当保户出险时，保险公司就需要拿出这笔钱给保户理赔，不过在理赔之后，剩余的钱可以用来投资，投资收益一般归公司所有，也有一些保户会和保险公司签订投资分成协议，共同分享投资收益。

对于公司来说，浮存金是非常好的资金，而且往往是零成本和负成本的运作资金，而前提就是保险公司的盈利情况良好。比如早在1998年，巴菲特就这样告诉股东们："浮存资金的成本对于我们来说是一个负数，也就是说，我们以低于零的成本获得这些资金。所以说，当我们获得这笔负债的同时也就实现了利润。"

巴菲特之所以特别青睐零成本的浮存金，原因就在于它有效放大了投资的杠杆，可以更大限度地提高投资收益，虽然浮存金属于负债，使用不当可能会加剧亏损，但巴菲特本身就聚焦于那些稳定性好、商业模式简单清晰、现金流良好的公司，这样就可以保障自己的投资不会出现太大的波动。另外，美国法律对于保险浮存金的使用是比较开放和包容的，巴菲特就可以更好地用保险公司的钱去购买股票，而这样一来，这笔保险资金基本上几十年都不用赎回，对伯克希尔来说根本不存在什么资金压力，以至于巴菲特可以在股价下跌50%的时候仍旧保持淡定。

在2012年致股东的信中，巴菲特对于浮存金的使用给出了一个明确的解答："财产及意外险保险公司预先接收保险费，在事后支付索赔。在极端情况下，例如某些工人的事故赔偿金问题，会导致索赔支付期限长达几十年。这种'先收钱后赔付'的模式让我们能够持有巨额的现金，我们称其为'浮存金'，这些浮存金并不属于我们，最终将会进入别人的口袋里。在持有期间，我们可以用这些浮存金进行投资，为伯克希尔公司赚取投资收益。”

让这种杠杆发挥作用的原理在于，巴菲特往往先用自有的资金和投资人的资金购买股票，赢利之后，就会收购多家优质的保险公司，并且使用保险公司的浮存资金再进行投资，当进行到这一步的时候，他就已经在使用投资杠杆了。假设伯克希尔旗下的浮存金所产生的投资杠杆为1.5倍，那么当正常投资者在投资中获益20%的时候，巴菲特就能够取得30%的收益。

如果说其他一些外国投资者受限于政策，无法将保险浮存金拿来投资，那么为什么美国其他一些投资机构以及保险公司无法像巴菲特那样灵活运用这笔浮存金呢？一个重要原因就在于，一旦对巨大的保险浮存金使用不当，就容易拖垮整个保险公司，这样的风险是大多数投资机构无法承受的，从这一点来说，巴菲特是一个非常出色的投资大师，他懂得如何巧妙地运用浮存金。而对于其他多数人和多数投资机构来说，他们缺乏这种灵活运用杠杆的能力和魄力。

巴菲特在给合伙人的信中写道，他在投资过程中一般不使用杠杆，也对杠杆敬而远之，但是在具有确定利润的套利交易中，也会适当使用杠杆，只不过使用的量不会超过基金净资产的25%。他还特别谈到了合伙公司的杠杆，它们类似券商的融资融券，可以提高套利交易和组合的整体收益率。而合伙人资金也是巴菲特常用的杠杆，通常情况下，巴菲特会设置一种承诺最低收益的募资方式，巴菲特从合伙人募资，资金成本是6%，只有当巴菲特赚的钱超过6%，才提取超额收益的25%，一旦亏损，就要弥补亏损后再提成。巴菲特会用的第三种杠杆就是自己拥有控制权的企业的资金，当巴菲特买入一家公司的大量股票以及控制权时，就会利用这家公司的资金投资一些更高利润的项目和企业。

借助这些杠杆，巴菲特有效地利用低成本来创造高回报，但他本质上并不认同杠杆这种操作工具，他觉得很多非专业的投资人最好不要去触碰杠杆，而他自己也会谨慎使用，就是因为杠杆的风险比较大，对于非专业人士来说会面临巨大的压力，一旦操作不当就会面临巨大的亏损，而巴菲特拥有非常稳健、可靠的投资能力，能够更好地把握住机会，在年化20%的收益甚至更高的收益面前，杠杆的成本和风险都会被忽略掉。这其实就是巴菲特商业模式的一个重要特点，他可以用最低的成本来获得充足的现金流，并且将这些资金投资到收益更高的项目上，这就类似于用别人的钱去投资，而且风险比较低，非常适合长线操作。

很多投资者喜欢冒险，喜欢运用杠杆去获取暴利，但问题在于他们可能不具备巴菲特那样的实力，无论是投资能力还是资本管理能力、资本体量、社会资源，都存在明显的差距，他们在借助杠杆的时候缺乏理性的认知和对风险的基本判断，无法打造巴菲特这样的商业运作模式，又没有长期操作的能力，导致经常失去控制。正因为如此，巴菲特向来反对普通家庭加杠杆，借钱炒股或者配资炒股，在他看来，杠杆的风险是普通人难以承受的，杠杆的操作也是普通投资者无法掌握和控制的。

就像一个年收入为几万元的普通家庭，借了几十万元去炒股一样，这种投资无疑会让整个家庭承受巨大的风险。又或者某个普通企业与其他企业合伙投资，但是该企业的负责人却将合伙做生意的钱投资到另外的项目上，稍有不慎就会毁掉两家公司。可以说，杠杆不是不能触碰，但一定要谨慎，而且必须具备足够的资格与实力：首先，投资者要有出色的投资能力与资源，可以找到一个收益更高的项目。其次，投资者要有足够的资本来应对风险，即便投资失利，也能确保自己不会受到太大的影响。

不要总是去预测利率

“预测利率从来都不是我们的工作，查理和我也不知道接下来1年、10年、30年的平均利率是多少。”

——巴菲特

2020年年初，美国10年期国债收益率一度跌至0.398%，这会是一个历史低点，许多人开始担心，美国接下来会和日本、欧洲一样出现超低利率甚至负利率的情况。而当美国出现了超低利率甚至负利率时，这对美国经济以及金融市场必定会产生影响，但是这些影响究竟是什么呢？同其他投资人一样，巴菲特也在思考这个问题。

在接受媒体的采访时，巴菲特谈到了自己对利率的看法，他承认利率非常重要，会对投资产生很大的影响，但是他也坦陈“我的能力无法预测一天后、一年后乃至五年后的利率。我能在不知道这些的情况下进行投资吗？这和预测行业趋势和股市走势是一样的道理。我无法预测利率，但这并不意味着我做不好投资”。这样的表态无疑再次验证了他的一个投资原则，那就是“做不好利率的预测工作，也没有必要去做什么预测”。

不仅如此，巴菲特在2020年给股东的信中表示，自己从来不喜欢对利率做出预测，汇率与利率根本无法预测，他在做分析与选择投资标的时根本不去理会它们的存在。按照巴菲特的理解，一些所谓的专业人士和权威人士会强调利率的重要性，会预测利率的一些变动情况，这些行为往往是出于保护自己利益的需求，他们更喜欢谈论与自己有关的一些情况，而不是真正地对未来做出正确的预估。在巴菲特看来，未来是不确定的，也会出现各种可能性，也许市场会突然暴跌，甚至跌幅达到50%的水准。

利率是指一定时期内利息额与借贷资金额的比率，它是决定企业资金成本高低的主要因素，同时也会影响企业筹资和投资，比如企业经常会从银行贷款，利率为10%时与利率为15%时，企业借贷的成本是不一样的，利率越低的话，企业支付给银行的利息也就越少，也就更加愿意贷款投资。在整个经济学中，利率的变动和债券价格的变化息息相关，如果预期利率将下跌，意味着债券价格将上涨，这个时候人们愿意更少地储存货币以及更多地购买债券，这样做的目的就是等将来债券价格上涨时可以卖出债券获利。反过来说，预期利率如果上升，人们就愿意多存货币和少存债券，此时他们更加愿意把手里的债券卖出去，直接转换为货币，以避免将来债券价格下跌时遭受损失。

利率与债券的变化关系本身就代表了它和投资之间的关联性，如果预期利率会下降，那么人们投资的意愿就会变得更加强烈。利率下调会降低最低资本回报率，一些商界人士、投资者千方百计想要降低利率，因为这样能推升资产价值。利率的确会对投资产生一些影响，但是如果因此而将利率作为一种热切的期盼，那么整个投资容易受到影响，原因很简单，利率基本上很难预测到，尤其是未来很长一段时间的利率更是无法捕捉，那些声称可以预测利率的人，其准确性通常都存疑。一些投资者以及投资机构非常看重汇率、利率，或者税率对企业发展的影响，考虑到未来这些要素可能会发生变化，许多人就会在投资上束手束脚，缺乏果敢的决策。

对于利率，巴菲特提出了一种设想，如果未来几十年内的利率都接近于当前的水平，并且公司税率也基本保持在现有低位水平上，那么在很长一段时间内，股票的表现将比长期的固定利率债务工具更好，但巴菲特并没有对此做出预测，他也根本不需要这么做。人们或许会认为巴菲特的自信在于伯克希尔公司拥有非常多的优秀公司，这些规模庞大、成熟且可以把控的企业都能获得可观的回报，至于汇率以及利率对伯克希尔公司的收益影响并不大。即便变成了零利率，巴菲特也会按照以往的习惯去投资一些优秀的公司，对于伯克希尔公司来说，充足的现金以及非常高效的投资体系都确保了巴菲特可以在利率变化中保持更大的自主性，他用不着像其他投资者一样瞻前顾后。可是如果对巴菲特的投资习惯进行分析，就会意识到“有钱”并不是巴菲特直接忽略利率预测这项工作的原因，巴菲特真正的独到之处在于一贯以来的选股标准，只要标的足够优秀，利率什么的不是问题，也不会对长期持有股票造成实质性的影响。

在巴菲特看来，优秀的投资人会把握住任何一个可能出现的投资机遇，他们并不在乎资本利得税和普通所得税的上涨，不在乎利率和汇率的变化，只要意识到这是一笔好投资，就会想办法把握住机会。他自己能力有限，无法预测利率，其他投资者在这一方面肯定也缺乏把握，如果依据未来10年的利率来做出投资决策，那么任何一笔投资都会变得复杂，投资者对于机会的把握能力会不断下降。很多投资人有着非常好的挖掘能力，能够敏锐地察觉到市场上一些优质的投资项目，可是对于利率或者税率之类的预测，会影响他们的决策，但问题在于很多预测本身就不合理，也不够正确。巴菲特则坚持一个真正的投资者没有必要将注意力放在关注在这件事情上，而应该抓住企业的内在价值，这才是投资能盈利的前提，才是抓住一笔好投资的关键，如果试图让问题变得更加烦琐和复杂，不断加入一些充满不确定性的预测，将会给自己的决策制造麻烦。

按照这种思维，投资者虽然需要注意到利率对投资的影响，但真正最应该关注的还是对优质企业和项目的挖掘，只要项目够好，那么利率的影响其实是可以忽略的，换句话说，投资者应该将精力重点花在寻找优质企业上，因为优质企业的寻找是有一定的评判标准的，而利率的预测本身就很难，让一个充满不确定性的因素来影响个人的投资决策，这显然是一种舍本逐末的做法。

通过自我监控来保证决策的合理性

“如果我挑选的是一家保险公司或一家纸业公司，我会把自己置于想象之中，想象我刚刚继承了那家公司，并且它将是我们家庭永远拥有的唯一财产。”

——巴菲特

某一次巴菲特问一些大学生，如果想要拥有一辆车，那么会选择什么牌子的车呢？大家纷纷提出了自己的看法，大多数人都选择那些时尚炫酷的、功能突出的品牌。就在大家议论纷纷的时候，巴菲特补充了一个条件，那就是一生中只能拥有一辆车，那么应该如何做出选择呢？由于只能选择一辆车，人们的选择会更加谨慎，思考也会更加严密，一些喜欢法拉利的人，可能不得不考虑其对于家庭而言的实用性，不得不考虑维护和保养的成本；一些喜欢时尚炫酷车型的人，可能会考虑如何保证一些庄重场合下的用车情况。人们很容易做出各种各样的选择，就像选择车子一样，因为人们一生中可以轻易做出各种选择，就像他们可以购买多辆车子一样，当人们意识到自己可以做出多个选择，或者有多个机会做出选择时，对于自己的决策是否足够严谨就会失去兴趣。

巴菲特还特别谈到了自己的身体，“我现在就送你一辆车，任何你想要的颜色、款型，选好第二天就送到。但是有一个条件，这辆车将会是你人生中的唯一一辆车。你会怎么做呢？你会很爱惜这辆车，保养它，关心它。当然，你的人生可以拥有很多辆车，但却只有一个身体和一个大脑。它们现在运行得很好，但它们一辈子跟着你，你需要好好地爱惜它们”。如果人们能够像保护自己的身体一样爱惜每一个决策的机会，能够将每一次重大决策当成最后或者唯一的决策，那么一定会变得更加谨慎，一定会采取最严谨的方法来保证决策的合理与高效。在这个时候，自我监控和管理就显得尤为重要，它们可以确保决策者最大限度地避免出现失误。

自我监控和管理则是根据外部的情境调整自己行为的一种特殊能力，只有少数自律的人才能够做到这一点，而多数人可能会被自己的行为迷惑，事实上，他们从一开始就认定自己的行为必定不会出错。但对于聪明人来说，了解自己，了解自己的行为和思想是否合理，这些非常重要，比如看看自身的能力是否能够匹配目标，看看自己的想法是否能够产生预期的效果，看看自己处在什么层次上，又需要合理安排什么样的任务。在这些自我监控和管理的过程中，有一点非常重要，那就是对自己的想法进行反省和复盘。

自我反省主要是针对自身犯下的错误，反省者应该看看自己在哪些方面做得不够出色，看看自己哪些方面的错误本可以避免，看看自己的能力有什么不足。而“复盘”最初是一个心理学名词，主要是指人们对自己过去经历的事情或者做过的事情，在头脑中重新回顾和梳理一遍。在回顾的过程中，可以重点关注那些关键的环节，看看哪里做得非常好，哪些环节则做得不够出色，对于那些出现问题的环节，则要认真思考和分析，找到原因以及解决问题的方法，确保整个过程更加完善，并将潜在的隐患消除。

复盘不仅仅是单纯地将发生或者计划中的事情进行回顾、还原，它还涉及一个推演的过程，复盘者需要对过去的经历做出总结，需要对计划好的事情进行分析，尽量找出不同方向上可能产生的不同结果。这种方式可以提升人们的分析能力和思考能力，尽可能地避免犯错，是非常好的决策方式之一。

对巴菲特来说，投资就是一种独立思考的过程，不仅仅要从成功中思考，更要学会在失败中思考问题，反省自己有哪些地方做得不够好。他非常善于反省自我，会尝试着从一些正确或者错误的经验中积累知识，就像他此前错过了谷歌公司和微软公司一样，在接受了科技公司带来的洗礼之后，巴菲特做出了适当的调整，最终投资了亚马逊和苹果这样的公司，这也是他在多次明确投资科技公司之后为数不多的投资。巴菲特一生中也做出了不少不合理的投资决策，但为了确保这些决策的合理性，他总是会在第一时间进行全方位的思考、回顾、审核以及调整，他每天花费大量时间思考，其中一项重要工作就是思考自己的决策。

1995年，认知科学家大卫·帕金斯（David Perkins）提出了真智力理论，他将人的智力分成三大类：神经智力、经验智力和反省智力。具有反省智力的人往往能够依靠理性和各种认知策略来确保决策的正确，巴菲特就是反省智力中的佼佼者，他不是那些知名的经济学家，可以提出伟大的经济学理论，也没有那种精益求精的工匠精神，他依靠的就是理性分析，依靠的就是利用各种重要信息为自己的决策护航。

巴菲特在做出那些重要的决策时，绝对不会冲动行事，他不是那种喝下一杯可乐就会做出某个决策的人，即便这是一个非常好的点子，他也会在头脑中过滤一遍、审核一遍。这种思考和分析方式对于人们的决策具有很强的指导作用，能够保证决策的合理性。比如人们可以采取不同的思考方式与行动策略，最常见的就是对某个项目进行分析，一方面，这种分析可以以拆分的方式进行，项目可以分成几个基本步骤，不同的步骤下可以分为几个事项，事项又可以继续拆分成关键的点。另一方面，人们可以转化思考方式，进行横向的对比，如别人是否经营过类似的项目，其他人是如何处理相似的问题的，是否可以从其他人的操作中学习一些有价值的经验。在每一次分析的时候，思考者都可以对自己最初的想法、计划进行重新规划与调整，确保不会出现什么遗漏和错误。

类似的思考方式确保了人们可以像巴菲特那样，以更成熟的思维方式与策略来思考问题，以更加成熟的理念来强化自己的投资模式，从而提升决策的合理性与投资的效率。

做出好决策的方法就是尝试着经营一家公司

"持有可口可乐公司的股票是一回事，但你真正开店做决策和定价时又是另一回事。我们从喜诗糖果的经营经验中赚到的钱，比从喜诗糖果本身赚到的钱要多得多。如果不是买了喜诗糖果，我们就不会买可口可乐了。我们有幸买下了整个公司，这教会了我们很多东西。"

——巴菲特

巴菲特在投资方面虽然一直都强调长线操作，但是在具体的操作中，尤其是对优质企业的选择上，并不是一开始就如此成熟老到的。在20世纪70年代之前，巴菲特的很多投资虽然也能够得到回报，但基本上属于低收益的状态，这缘于他对相关企业选择的理念还不够成熟。之后他开始做出改变，而这种转变其实缘于对喜诗糖果的收购，1972年，巴菲特做出了人生中最重要的投资决定之一，那就是以2500万美元收购喜诗糖果，这笔收购不仅给伯克希尔带来丰厚的回报，更重要的是，它让巴菲特更巧妙地将投资与经营结合在一起，这是一个伟大的进步。

事实上，当时巴菲特和芒格对于这笔收购不是很感兴趣，觉得喜诗糖果报价太高，已经高于账面价值了，他们事后也承认如果对方的报价再提高哪怕10万美元，伯克希尔也会放弃，但事实证明这样的想法是极其愚蠢的，有人批评了巴菲特，认为他不该过分看重价格而忽视喜诗糖果的价值以及发展潜质，重要的是，巴菲特听取了这些批评意见，此举使得巴菲特获得了一笔优质资产。

这笔收购彻底改变了巴菲特以及芒格的投资理念，按照芒格的说法，自从拥有了喜诗糖果，他们开始认识到，思维和操作方式必须包含经过时间考验的价值观，他们将这种认知以及经验运用到其他投资领域，确保了很多决策都在按照正确的方向进行。可以说，喜诗糖果让伯克希尔的投资变得更加合理，巴菲特认为喜诗糖果就是“梦想企业”的原型。

对巴菲特、芒格以及整个伯克希尔来说，一个教训就是实践出真知，巴菲特意识到自己如果想要更好地学习商业，想要在投资中做出更加合理的决策，那么不一定总是要向他人请教，真正有价值的是自己尝试着去经营一家公司，去做更多的投资，在实践中摸索出适合自己的发展道路和投资理念。一些好的判断以及错误的判断都会在实践中展现出来，并且提供给人们更多有意义的指导。

一些投资者以及企业的经营者经常会拿不定主意，不知道自己应该做出什么样的决策，其实最好的老师就是实践，自己多实践几次，多几次投资，或者直接经营一家属于自己的公司，这样就可以更好地积累经验，找到自己操作中的不足，看看哪些投资理念是正确的，这样就可以在今后的投资与经营中找到更合理的方法，可以做出更加合理的决策。对于很多投资机构或者个体投资人而言，经验的积累非常重要，它就像方向的调节器以及力度的调节器，能够更好地引导投资者。

就像炒股一样，许多人沉迷于听从其他“专业人士”以及“成功人士”的观点，沉迷于按照多数人的投资原则进行炒股，却忽略了一点，关于股市中的许多知识和技巧都应该是自己历练出来的，只有更多地接触炒股，只有更多地进行尝试，才能够找到其中的一些规律，才能更好地在股市中找到生存的方法，诸如如何规避风险，如何低买高抛。

如果是投资机构，想要积累经验，那么就应该像巴菲特那样，尝试着购入一家公司来经营，通过经营和管理，投资机构就可以更好地把握住投资的一些精髓。在普通的投资中，人们可能会更多地关注购入股票的价格，会关注公司的盈利情况，会关注公司的业务范畴，或者对公司的债务情况进行了解，但这些其实在很多时候都是比较肤浅的内容。类似于净资产收益率、市盈率、市场回报率、品牌效应、产品定位、生产和销售周期、现金流之类的东西很容易被忽视掉，又或者投资者可能不太关注企业的管理者是谁，是否有能力管理好企业。有些公司的盈利状况并不是太好，投资者可能会退避三舍，但是在经营这些公司之后，收购者会发现这家公司的企业文化非常好，不久之后一定会产生很强的凝聚力和动力，这样的公司在竞争中具有一定的优势。只有当投资者或者投资机构有能力去经营一家公司时，才能够更好地挖掘出衡量企业内在价值和盈利的各项要素，才能够透过现象深入到问题的本质去思考问题。

对于决策者来说，只有真正经营一家公司之后，相关理念才会更加成熟、合理，关于投资的一些关键要素才会更加清晰，最重要的是人们可以切身地了解一家公司是如何变得更加优秀的，又是如何将这些优秀的特质展示出来的，实践本身会带来更多有价值的知识积累。

投资应该是共赢的，而不是零和博弈

“我们的目标是使我们持股合伙人的利润来自企业,而不是其他共有者的愚蠢行为。”

——巴菲特

2019年11月，《华尔街日报》捅出一个非常劲爆的消息，据说全球第一大对冲基金桥水基金用15亿美元以期权建仓押注美国股市崩溃，而押注的最后到期日正好是2020年3月。许多人觉得这是一个美国式的谣言和笑话，但更多的人则相信桥水基金可能有类似的想法和举动。

通常人们会谈到索罗斯，谈到这位做空亚太并催化亚太金融风暴的金融巨鳄的量子基金，而桥水基金的历史比索罗斯的量子基金可要辉煌多了，桥水基金真的有实力做空美国股市。因此这个消息还是引发了市场的恐慌，果不其然，到了2020年3月，美国股市开始频繁熔断，疫情引发的恐慌与石油的大降价让整个美国股市都失去了信心。

人们会觉得这是运气，但专业人士可不这么看，在他们看来，桥水基金已经为此布局了两年，早在2018年年初，桥水基金就准备做空欧洲股市，什么西门子、阿迪达斯、法国空客、法国石油公司、德意志银行，都在做空的名单之上。表面上看，桥水基金似乎将矛头对准了欧洲，但实际上，它真正的目标是即将结束牛市而进入经济周期尾声的美国。欧美经济向来联系紧密，很多欧洲大企业都关系着美国经济的发展，同样地，美国经济的好坏也会影响欧洲，只要做空欧洲就可以借机拖垮美国。

不过由于特朗普任命的美联储主席鲍威尔是个经济外行，根本不懂得如何运作，加上特朗普对市场经济的干预，逼迫美联储直接降息，这样就导致桥水基金做空失败，还产生了大笔亏损。但桥水基金没有撤退，仍旧下注美国股市衰退，结果一语成谶，美国股市在3月史无前例地连续4次熔断，桥水基金这一次赢了。

除了桥水基金之外，巴菲特同样不看好美国股市，这几年一直都在想办法减持股票而增持现金，虽然有很多人批评巴菲特的举动，认为巴菲特的投资效应不灵了，认为巴菲特的投资理念已经落伍了。当美国股市蔓延着恐慌的情绪时，桥水基金又开始做空欧洲公司，而美国股市将会迎来更大的灾难时刻。

而巴菲特却并不相同，他同样不看好美国，但是绝对不会做空美国股市，更不会借机落井下石，这是他的一个投资原则。巴菲特不像华尔街上那些冷酷无情的操纵者一样，也许很难说巴菲特拥有怜悯之心，伯克希尔也不是什么慈善机构，但他确实不喜欢那种零和博弈，这不是他的风格，如果他打算在市场上搞一些小动作，将他人的钱变成自己的钱，他可能会疯掉，因为这并不符合长线操作的准则，他并不喜欢那种“将自身获利建立在其他人亏损的基础上”的行事风格，一家优秀的企业应该获得盈利的持续增长，最好所有的投资者都可以获益，那样才能证明自己的投资眼光并没有出错。

在很多时候，投资人的投资项目都是单向的，“我看中了某一个项目，然后花钱进行投资，或者挣钱或者亏钱”，事情就是这么简单，但对于优秀的投资人来说，投资的项目应该是双向的，投资人不仅仅要将项目选择直接和盈利目标挂钩，还要将自身投资的价值作用于投资标的。整个过程不仅仅是单纯的获利过程，而是一个让投资对象变得更好的过程。就像巴菲特在2009年投资高盛一样，不仅自己挣了钱，而且也推动高盛公司走出低谷。

在房地产投资领域，类似的零和博弈也会发生，比如大量的炒房客进入某一个市场之后，很快就会哄抬当地的房价，房价在短时间内从均价5000元，快速上涨到8000元，当越来越多的跟随者进入当地市场之后，最初的炒房客开始以均价8000元出售手中的房产，然后迅速撤离，这个时候，接盘者眼巴巴地等着房价继续上涨，而等来的往往是房价的大幅下跌，很多在8000元高位上入手的接盘者可能连均价6000元也卖不出去，而对于当地整个房地产来说，由于遭受了巨大的冲击，甚至可能会跌破均价5000元。河北省的燕郊就是一个典型的例子，在2016年以前，燕郊的房价总体上比较平稳，可是由于通州成为北京市第二个行政中心，靠近通州的燕郊开始成为投资客热炒的市场，当时房价很快从一万元左右上涨到了三四万元的高价位上，一大批投资者此时选择跟进市场，却惊恐地发现，之前的炒房客已经成功脱手房产，后入者被迫成为接盘侠，而房价很快遭到腰斩。

在这一类投资中，投资人都试图操纵市场，他们所挣到的钱都是从那些接盘者身上挣来的，这些投资人从一开始就不是真正为了繁荣市场，而是炒热相关的项目，寻找接盘者，一些人还会整垮所投资的企业。这种零和博弈对于企业的发展，对于所投资的项目本身并没有任何帮助，反而会影响企业的正常发展。这一类投资者往往会遭到企业的排斥，他们容易在今后的投资中失去市场的信任。

真正优秀的投资者应该保持一种共赢的心态，要确保投资者、公司以及其他投资人共同盈利，而这种盈利的模式通常是为那些优质的公司注入更多的资本，或者通过投资者自身的影响力来带动市场影响力，提升市值。假设A公司是一家有发展潜力的好公司，但是由于资金不足、市场影响力有限，其发展受到了限制。如果投资者们可以注入资金，可以动用自身的社会资源以及影响力来帮助A公司，那么当A公司发展壮大之后，投资者将会获得更多的盈利分红，而且市值的上涨也会直接带动股票的价值。

所以，寻找优质的标的，然后长线持有，在必要的时候甚至动用自己的资源提升标的的吸引力与影响力，这些都是实现共同盈利的关键。

不要为钱工作，让钱为自己工作

“一生中能够积累多少财富，不取决于你能够赚多少钱，而取决于你如何投资理财，钱找人胜过人找钱，要懂得让钱为你工作，而不是你为钱工作。”

——巴菲特

在谈到财富的问题时，巴菲特的想法很简单，那就是确保让钱为自己工作，而不是让自己围绕着金钱去奋斗，那样只会让自己被金钱捆绑，而失去对金钱真正的掌控力。关于这一点，巴菲特还特意将自己的财产继承问题拿出来说，“我很害怕到最后自己的企业变得过于庞大，从而金钱会将我的孩子们腐蚀了，目前这还没有成为一个问题，但是悲观地来看，它是会发生的，我想了半天也没什么结果。我敢肯定自己的确不想留给孩子们大堆金钱，除非等我老点，等我有时间看看这些孩子是否已经成才后再这样做。然而，留给他们多少钱，剩下的钱怎么办等诸如此类的问题让我大伤脑筋”。

在家庭教育方面尚且如此，巴菲特在个人工作和生活中更是不会把钱看得太重要，更不会为钱工作。在谈到类似的话题时，往往涉及两个重要的概念，第一个就是财务自由，第二个就是关于工作的概念。

全球知名的企业家、投资家和财商教育专家罗伯特·清崎，曾经与莱希特一起写过一本畅销书：《富爸爸财务自由之路》。书中按照收入来源的不同，直接将人群划分为四个象限，分别是雇员、自由职业者、企业所有人、投资者。

雇员象限基本上就是最普通的工薪族，这些人服务于雇主，通过付出自己的劳动、时间以及健康来获得相应的报酬，他们所创造的工作价值大部分都被雇主拿走了，因此财富并不太可能获得大幅增加，基本上很难通过财务上的变化来改变生活质量。自由职业者象限的人拥有自己的事业，拥有美发店、私人诊所或小饭馆，他们可能在时间上更加自由，但是同样需要付出自己的时间和精力来换取财富，收入比雇员要高，但是很难实现财务自由。企业所有人象限的人基本上都拥有自己的公司，他们拥有自己的事业和时间，而且收入会更高，重要的是，他们会雇用更多的雇员为自己工作，帮自己创造价值和收益。投资者象限中的人位于一个收入较高的水平上，他们通过付出金钱进行投资，基本上不需要付出太大的劳动，而且可以拥有更多充裕的私人时间，在金融杠杆的作用下，他们能够快速积累财富。

在这四个象限中，雇员和自由职业者属于为钱工作的那一群人，而企业所有人和投资者是典型的让别人以及钱为自己工作的人，后者是能实现财务自由的人，因为他们始终都在想办法让钱生钱，让钱为自己工作，而不是像雇员一样拼死拼活都是为了一些工资。而在现实生活中，有些人甘愿成为雇员，甘愿变成拿固定工资的人，而缺乏投资的勇气。

比如在1998年的时候，巴菲特给股东写了一封信，在信中谈到了旗下控股的企业主管飞行公司费用支出太大的问题，他觉得这样的费用支出会损害公司的利益，如果所有人只是为了获得更高的工资而工作，那么公司最终会被这些索求无度的行为拖垮，员工们最终也会遭受重大损失。在巴菲特看来，如果这些人能够保持清醒的头脑，拥有投资的眼光，就不该肆无忌惮地从公司拿走那么多劳务报酬，因为当公司拥有的资金越多时，越容易在一些优质项目上实现更大的投资回报，这部分投资回报比增加的工资要多得多。正如同巴菲特所说的那样，“如果没有找到一个当你睡觉时还能挣钱的方法，你将一直工作到死”。很显然，人们真的应该拥有投资思维，而不是简单地拿一份死工资，那些看重工资的人往往缺乏战略投资的思维。

除了财务自由，人们对于工作的态度也会影响个人的投资，比如有的人只是为了钱而工作，这样的人过分看重金钱，看重物质消费，而这样的态度会影响他们在投资方面的操作行为。他们常常会因为一些短期利益而遭受诱惑，缺乏战略眼光，缺乏战略布局能力，而这样的人基本上很难挣到大钱，更别说实现财务自由。对那些真正实现了财务自由的投资者进行分析，就会发现，其中的部分人并没有把挣钱当成唯一的目的，有很多人更看重的是一种乐趣，一种追求数字增长的乐趣，他们对于投资的把握更多时候仅仅在于将投资当成一种游戏。

只有对投资真正有兴趣的人，才会选择最好的投资渠道和挣钱方式，才会想办法通过股票、基金、债券、保险、不动产以及其他投资来获得更多的收益。只有对钱真正看淡的人，才愿意把钱拿出去进行投资，才会运用科学高效的理财方式，用钱来产生更多的钱。而把钱看得过分重要的人，往往会在投资中倾向于短期操作，因为他们可能承受不住暂时的波动和亏损，也抵御不了一时的物质诱惑。

其实在资本市场上，大多数参与者都是资本追逐者，只不过有的人彻底被资本控制住了，他们很容易出现盲目行动，而有的人有着清醒的头脑，知道该如何驾驭资本，让资本为自己服务，他们懂得把钱当成一种金融工具。巴菲特认为在各种投资操作中，人们应该懂得让钱为自己工作，要找到一个真正让自己从财富中解放出来的方法，只有让钱为自己工作，才能找到挣钱的意义与投资的乐趣，才能做出正确的投资决策。

第四章

巴菲特的盈利基础——追求稳健的操盘

在巴菲特的投资中，稳健是一个非常重要的因素，无论是对企业的选择，还是对操作方式的选择，巴菲特都会尽量做到稳中求胜，尽量保证自己的投资不会出现大的漏洞和亏损。在整个操作过程中，巴菲特始终坚持以不亏钱为投资的基础，这也成为他进行合理投资的关键。

对投资进行相应的风险评估

“假设你递给我一把枪，里面有1000个弹仓、100万个弹仓，其中只有一个弹仓里有一颗子弹，你说：‘把枪对准你的太阳穴，扣一下扳机，你要多少钱？’我不干。你给我多少钱，我都不干。”

——巴菲特

很多人都知道巴菲特在挑选企业进行投资的时候，都会选择一些高回报的标的，而在常规思维中，高回报往往也意味着高风险，因此投资者通常都会在高回报与高风险之中纠结。可是对于巴菲特来说，高风险与高回报并不是直接关联的，更不是一直都紧紧相连的两个对立面，他认为高回报的项目并不代表着一定就是高风险的，相反，他多年来一直都在投资那些低风险高回报的项目，除了懂得对那些项目的回报率进行审核之外，风险评估也是非常重要的一项工作。

20世纪90年代，巴菲特一度持有“两房”（房利美与房地美，美国的两个联邦住房贷款抵押融资公司）的股票，可是在金融危机爆发之前，他全部清空了“两房”的股票，而很多股票持有者则因为没有预知到金融危机的爆发和影响而面临严重的亏损。因为这件事，很多人污蔑巴菲特获得了内幕消息，美国的一些监管机构也对巴菲特发起了调查，巴菲特对此做出了解释：“基于自己的研究和分析，‘两房’的收益水平不符合其所在行业的一般情况，因此包含着某种潜在风险，基于此自己退出了‘两房’。”正是因为对风险进行的评估，让巴菲特快速脱身。

在各项投资上，巴菲特都有比较明确的风险评估策略，比如他会选择一些拥有稳定经营史的企业，会选择那些拥有持续盈利能力的企业，这样的企业通常具有稳定的收益，非常适合巴菲特的长线操作。他也会重点避开一些自己能力范围之外的标的，只要某个标的的投资项目是自身不熟悉或者没有接触的，就会保持必要的谨慎，绝对不会轻易投资。

而在风险评估方面，巴菲特提出了一些基本的要素，比如投资风险不是源于波动，而是通货膨胀，如果个人的投资收益超越了通货膨胀，那么投资就是安全的，如果无法超越通货膨胀，那么长线持有就会面临巨大风险。投资风险还源于对投资标的是否挣钱的不确定性，如果一个人不知道投资标的会带来多少盈利，那么就不要贸然进行投资，否则就会面临巨大的风险。面对市场的变化，面对股市的波动，很多投资者可能会临时做出投资决策，这种临时决策往往有很大风险，投资人需要自我反省，需要找一个合适的人进行监督，如果没有这样的监督，风险就会很大。耐心其实也是风险评估中的重要事项，如果投资者对自己的耐心持怀疑态度，那么趁早放弃这笔投资。

正因为时时刻刻都在评估风险，巴菲特总是能够将自己的投资控制在较低的风险上，事实上，同其他投资人不同的是，巴菲特打造的商业模式本身就是一种低风险的模式，他会巧妙地将保险公司所提供的低成本的无限现金流，用于投资，这些钱可以说是零成本投入，只要自己的选择没有出现什么大问题，那么整个投资的风险就会得到有效控制，他根本不用像其他投资人一样担心自己的投资会让公司遭受重创，或者让合伙企业遭遇危机。

即便是在那些风险最低的项目上，巴菲特也始终保持谨慎，伯克希尔的财险公司多年来为巴菲特赚取了惊人的利润，而且它一直以来都拥有出色的承保记录，它在过去17年中的16年实现了承保利润，2017年除外，那一年伯克希尔的财险公司税前亏损了32亿美元。除了这一个小插曲，在最近的17年时间里，伯克希尔财险公司的税前收益总共达到了惊人的275亿美元。

之所以能保持如此出色的记录，主要原因就在于公司一直推行严格的风险评估，伯克希尔公司的保险经理非常擅长且关注这些评估工作，由于一些差劲的承保业绩会淹没浮存金的收益，错误评估保险风险的后果非常严重，公司的业绩可能会受到拖累，而这种拖累也要花费几年甚至几十年才能彻底消除，因此整个公司对此非常谨慎，就像巴菲特强调的那样："保险业的幸福结果远非一件确定的事情：我们肯定无法做到在未来17年中的16年也实现承保利润。危险总是潜伏着的。"

对于普通投资者来说，不仅仅需要掌握选股技巧，要掌握最基本的操作方法，还要懂得如何对自己的投资进行风险评估，了解一些最基本的风险评估方法和法则。第一，投资人应该尽量选择少数几个重要的投资标的，这样方便集中精力进行风险评估。而那些所谓的“分散投资可以分散风险”的说法并不严谨，因为如果一个人不善于评估和分析风险，那么当他的投资项目越来越多时，面临的风险实际上也是在增加的，除非他能依靠运气来避免亏损。第二，投资人要注意进行深入思考和分析，最好能够提前预知公司基本面的变化，从而识别将要出现的风险。这是非常重要的一点，投资者掌握一些基本的分析方法，了解一个优质标的需要的各项条件，然后投资者需要对各项因素进行深入分析；真正找出那些潜在的盈利因素或者风险因子。第三，投资者需要培养风险预警和风险评估的意识，尤其是面对一些不确定的问题时，更要强化这种意识，它可以最大限度地保证投资者不会做出一些“愚蠢”的决策。

风险评估并不是一项能够带来绝对安全和绝对效率的措施，没有人可以完全避免各项风险，因为未知的因素总是很多，人们不可能面面俱到，但做了总比不做要好，擅长风险评估的人，可以更好地规避风险，可以让自己的投资在一个更加安全稳定的环境中进行，可以让自己的投资变成一个更加稳定安全的投资。

做生意的第一条准则是不要赔钱

“投资的第一条准则就是保证本金安全，永远不要亏损；第二条，请参考第一条。”

——巴菲特

巴菲特在2011年开始投资IBM，可是这只被他看好的股票一直都在下跌，到了2017年，巴菲特决定抛售掉部分IBM的股票，伯克希尔公司在2017年第一季度和第二季度抛售了持有份额约三分之一IBM股票。在整个2016年，巴菲特持有15只股票，其中可口可乐公司在2016年底的市值表明，他已经在这只股票上获得了1177%的投资回报率。穆迪公司带来了838%的投资回报率，美国运通也有773%的投资回报率，盈利最差的赛诺菲也有6%的投资回报率，而在15只股票中，只有IBM这一只处于亏损状态。巴菲特持股6年，中间经过一系列的高抛低吸，但到了2016年年底仍旧亏损2%，这是巴菲特不愿意见到的，为了避免继续亏损下去，他干脆决定抛售部分IBM股票。

许多人都觉得非常奇怪，巴菲特不是一直都强调忽视短期的股票下跌吗？作为一个长线操作的投资人，他一般都不会对短期内的下跌在意，但对于IBM的股票，巴菲特已经心灰意冷了，因为6年的时间并不短，而且6年来，股价下跌已经危及本金的安全性。

除了IBM公司，巴菲特在投资埃克森美孚石油公司的股票时也是如此。2015年2月18日，因国际油价下跌，巴菲特对其持有的埃克森美孚股票进行了清仓处理，选择撤出了高达37亿美元的投资。巴菲特甚至消极地表示："当初我们买进美孚的时候我对石油的信心应该再少一点。"在抛售这些股票之前，埃克森美孚股票已经很不理想，而且在短期内又下跌了55美分，加上原油产量下降，成本不断增加，这家公司遭遇了巨大的发展压力，巴菲特意识到自己的投资不会获得预期回报，而且可能还会遭遇一些不可预知的亏损，于是果断出手，选择退出。

对巴菲特来说，投资时的股价波动是常有的事情，但本金不能亏损是他投资的底线，或者说是最基本的安全边际。在多年的投资生涯中，巴菲特虽然不是百战百胜的完美投资人，他也出现过亏损，但这些亏损很少是以本金亏损的形式出现的，巴菲特在投资很多重要项目时，都经历过股价下降甚至大跌的情况，但是并没有容许自己的投资亏掉本金，对他而言，设置一个下降的安全边际非常重要。

虽然企业的盈亏、股价的涨跌都是非常常见的现象，但问题在于亏损给企业和投资人带来的压力会更大一些，如果企业和投资人对于亏损并不看重，或者投资一些亏损的企业与项目，那么很有可能会在投资过程中遭遇更大的损失。

人们可以进行一个简单的计算，当亏损发生之后，如果想要恢复原状，就需要投入更多的资源来提升效益。假设某人拥有1000万元本金，如果亏损了50%，那么就剩下了500万。而剩下的500万想要恢复到1000万元的水平，就要100%的收益提升。降低50%之后就需要提升100%的效益来填补，这就是亏损带来的影响。

很多企业家都有这样的经历，当自己的公司一开始就出现较大的亏损时，总是强调自己会将这笔钱挣回来，但事实上亏损发生之后，企业想要恢复原状，就需要动用更多的资源来提升效益，而且效益提升的幅度要高于亏损的幅度，这对任何企业和投资人来说都是一个较大的挑战。

对于任何一个投资人而言，如果想要保证本金安全，那么就一定要强化对未来的危机意识，在投资的时候，不要将焦点放在自己能赚多少钱，赚到了那么多钱应该怎样去安排，而要更多地设想自己在什么情况下会出现亏损，能够亏损多少，如果亏损了应该怎样做。只有提前做好预估，制定合理的应对措施，才能将亏损的风险控制在所能承受的范围内。

这种有关亏损的预估至关重要，它可以帮助投资者更加理性地应对自己的投资项目，能够确保投资人更加深入地了解和分析标的，弄清楚标的的盈利空间如何，避免找到一些劣质股。这里涉及选股的一些基本方法，每个人都有不同的选股模式，也可以选择参考巴菲特的投资模式。只有选择到一些优质股或者相对稳健的股票，才能保障自己的投资不会出现亏损。

在预估之外，注意及时止损也是一个要点，止损是对个人评估和选股出现失误的一种补救方法，虽然这种补救方法不会让投资人的财富得到增加，但可以避免出现更大的损失。这种止损原则基本上都会设定一个亏损的界限，即避免亏损触及本金额度，比如一个人投资了10万元，那么就要努力确保亏损不会吞掉这10万元，即便是一些劣质股，投资人也要尽量避免亏掉4万~5万元（亏掉50%对于多数人来说都是一个界限）。

李嘉诚经商多年，也是坚持不亏损本金的投资原则，自从12岁参加工作，18岁担任经理，直到之后自己做生意，从来没有亏掉过本金，每一次的投资都是坚持将保住本金当成投资的基础和底线。对投资人来说，保护本金的目的很简单，就是确保自己可以获得第二次投资的资金。这是一个选择权的问题，即投资者要明确知道自己的投资出了问题，做出必要的撤离并选择更具优势的标的。

还有一个也很重要，那就是在一些不确定的标的上尽量少投资一些，不要将全部资金投进去，必要的分散投资会有效降低损失。把一部分钱投资到那些不确定的股票上，然后将另一部分钱投入到其他一些盈利空间不大但是相对安全的项目上，这些安全项目上的盈利可以有效弥补本金上的亏损。不同投资的比例可以进行设置，确保盈利可以弥补亏损的本金，这也是固定比例投资组合保险策略的一种形式，一般来说，保本基金就是这样运作的，一旦购入保本基金后出现了下滑（可以以15%的下滑幅度为界），可以选择再次增持一只保本基金。

对于巴菲特来说，他可以承受50%的股票价格下滑，也可以承受一些大手笔的投资，因此很多时候，他根本不需要什么保本基金。那是对于普通的投资者来说的，选股分析、止损原则以及保本基金都是普通投资者不可或缺的。

在行情不好的时候要坚持止损原则

“伯克希尔的文化是非常独特的，它可能不会提供最好的一个长期复合利率，跟其他很多的业务比都不会这样。但是它总是会以最安全的一种方式，让你长期来赚钱。”

——巴菲特

1989年，伯克希尔公司购买了美国航空业共3.58亿美元优先股，一年之后，巴菲特发现美国航空业存在定价不规范以及整合运营困难的问题，他觉得手里股票的价值已经比不上自己的收购价了。但是他仍旧对这一行业做出了判断，认为只要美国航空业扛过这几年的业务低谷，那么就可以变得越来越好。

就在巴菲特怀抱信心的时候，美国航空业却迎来了一个惊人的破产潮，由于政府的管制，很多破产企业仍旧会运营，甚至出现两次破产、三次破产的不合理现象，这些缺乏竞争力的破产公司由于不断试图通过不正当的定价策略东山再起，反而导致更多的公司被拉下水。

1994年，美国航空暂停向优先股股东支付股息，眼看情况变得越来越糟，伯克希尔决定把其持有的3.58亿美元的优先股资产减持为8950万美元。到了1995年，情况依然很糟糕，巴菲特一整年都试图以美国航空优先股票面价值50%的价格割肉止损，他担心某一天手里的股票会变得一文不值。

退出美国航空业是巴菲特为数不多的败走麦城的案例，但是在这一次失败中，我们还是看到了巴菲特在运用自己的理念和方式止损，确保情况不会变得更加糟糕。如果换成其他投资者，他们是否有勇气以这样的方式止损呢？是否心甘情愿地牺牲掉之前的投资呢？从这一次的退出来看，巴菲特是一个非常具有原则的人，他知道自己应该怎样体面而合理地离开是非之地，懂得如何在投资中把握住进退的尺度。

关于止损，它一直都是投资中非常重要的一种形式，但需不需要止损，如何止损，什么时候开始止损，往往有一定的要求。

假设某人以50元的单价买了某公司的1000股股票，由于股价一直下跌，现在它的价格只有30元，对于持有成本为50000元的投资人来说，现在手里的股票只值30000元，直接损失了20000元。面对这样的情况，无论是立即卖掉股票还是继续持有股票，都已经无法改变亏损的局面。面对这样的情况，投资者需要做出选择：是继续持有股票还是退出。如果继续持有这些股票，那么这些股票很有可能会继续下跌，亏损只会越来越多。如果选择卖掉，那么当前亏损的20000元已经不可挽回，但是某人收回了30000元现金，这笔钱可以投资其他一些更好的股票。

在很多时候，人们会存在侥幸心理，甚至会自欺欺人，认为自己购买的股票会摆脱低谷，很快上升，他们会找出一千个“股价不再下跌而开始上涨”的理由来说服自己，而正是这种心理，往往会将亏损推到更严重的地步。

投资人需要拥有良好的止损意识与方法，在买入一只股票时，投资人需要深入研究其所在行业发展、公司基本面以及投机资金参与程度，并且参考其历史走势、同行对比等，投资人应该通过这些分析来判断手头的股票最多能亏损多少，而不是只考虑还能涨多少。对于亏损多少的考虑，正是出于止损的需要，而常见的止损方式有以下两种：

第一，可以采取定投的方式，将投资分为几次，而且每隔一段时间买入股票；

第二，按价格区间买入，预先估算出最大亏损目标，等到股价每下降一个挡位就及时买入，按照价格区间决定买入份额可以通过计算来获得一个最优值。

对于价值投资者而言，应该掌握股票的估值方法，设置尽量多的安全区间，宁可错过和放弃，也不要轻易犯错。而对于那些趋势投资者来说，最好建立严格的止损机制，一旦趋势发生了改变，就要立即止损出局。

其实，巴菲特为了更好地保证止损工作做到位，会设置一个预期的下跌价位，确定何时止损以及止损幅度。止损的幅度并没有一个明确的要求，尽管巴菲特强调“要做好下跌50%的准备”，但对于其他人来说，更应该按照自己面临的实际情况以及资金情况设定合理的止损幅度。

巴菲特制订了比较科学的止损计划，而且会严格执行下去，这也是他能够及时止损的重要保障。许多人虽然也制订了相应的计划，可是当亏损开始出现的时候，往往会心存侥幸，认为用不了多久，情况就会转危为安，那个时候，自己就可以重新获利了，正是因为如此，他们会想办法寻找各种理由说服自己放弃这个计划，或者推迟实施止损计划。止损计划虽然也会随着行情和环境的变化而变化，但调整止损计划通常应该发生在有利的环境下，比如大环境变好，或者原投资的股价有了一定的上涨，这个时候调整止损计划是有必要的。

巴菲特的止损方式比较多，常见的有三种：

第一种就是卖出那些行情不好的股票，对他来说，这是最简单直接的止损方式，只要公司基本面的变化一直向着不好的方向发展，比如发展前景不乐观，管理层素质下降，又或者出现了一些更好的标的，那么巴菲特就会择机放弃。

第二种是改组公司挽救价值，伯克希尔公司原本是一家纺织企业，整体的发展形势非常糟糕，但是巴菲特进入伯克希尔之后，直接对公司进行改组，最终将这家夕阳企业变成了最伟大的投资公司。

第三种就是分散投资，通常来说，巴菲特的投资比较集中，他只购买和投资少数几个项目，但问题在于巴菲特的资金总量很大，投资的项目再集中，仍旧具有一定的分散性，这也是他强调投资组合的关键原因。当他寻找到其他更好的投资项目时，就会果断放弃那些表现不好的股票。

对于投资者来说，第一种方法和第三种方法比较实用，可以作为止损的常规方式，但重要的还是要抓住两个投资前提：选择优质股，保持长线操作。

采取合理的方式解套

“如果我们有坚定的长期投资期望，那么短期的价格波动对我们来说毫无意义，除非它们能够让我们有机会以更便宜的价格增持股份。”

——巴菲特

2020年，由于受到新型冠状病毒引起的肺炎疫情肆虐全球以及国际原油价格下跌的影响，巴菲特的投资产生了大约900亿美元的惊人亏损。面对股东的指责以及外界的质疑，巴菲特表现得很淡定，他非常乐观地认为自己依然有机会解套。

虽然不清楚形势的发展会不会真的像巴菲特预估的那样乐观，但巴菲特在投资中似乎比其他投资者更加从容不迫，他对于股市中的波动看得比较轻，并不在乎短期内的涨跌，而且他一般都会坚持自己的价值投资理念，看重企业的未来收益。不过即便如此，在一些失败的投资中，巴菲特还是会做出一些止损的准备，将一些不合理的投资及时抛掉，而这就需要想出一些解套的方式。对巴菲特来说，股票解套的常用方式有两种，第一种是持续投入降低持股平均成本，第二种是卖掉换股。

持续投入降低持股平均成本是一种比较危险的方法，投资人首先需要对持股的标的相当了解，还要拥有持续追踪标的每年的获利的能力，通过追踪来预估当年度的获利表现，这样就能够有效降低投资标的带来全额亏损的概率。比如某投资人在2017年以每股20元的价位购入1000股某只股票，之后股价开始下跌。2018年，这个投资人以每股18元的价格继续买进1000股这只股票，可是股价还在下跌。2019年，他在每股16元的价位买入1000股。此时，投资人的持股成本变成了每股18元，此时，只要股价上涨12.5%就可以解套。

通过设置一个未知数x可以得出计算结果：

$16\times3000\times(1+x)=(20+18+16)\times1000$

其中，$x=12.5\%$

而倘若持股成本还是20元，想要解套，可以用同样的方法计算出结果，此时股价达到25%的上涨幅度，才能解套。

通过对比就可以知道，当继续投入资本来稀释股票的平均成本时，解套会变得相对容易。这种逢低补仓的方法也有两个条件，一是投资者必须要有足够的资金，二是投资者投资的这只股票业绩良好，未来有反弹的趋势。

卖掉换股主要是投资机构想办法出售那些套牢持股部分，换取现金后又买进新的具有上涨潜力和趋势的标的，这样就可以在短时间内取回损失的本金。这种出售会让未实现损失直接变成实际发生的损失，但是投资机构不需要增加投入的本金转入新标的，出售的套牢部位会成为现成的本金，这样有助于提升资金的流动性，优化新的投资布局。比如伯克希尔公司在投资IBM公司之后，该公司的股价上涨没能达到预期水平，巴菲特在2018年5月全部清仓IBM公司的股票，选择割肉出局。又比如，在2020年2月底，美股刚开始出现暴跌的时候，巴菲特花费4530万美元购入达美航空，3月，美股持续下跌，巴菲特选择抄底达美航空。到了4月初，情况还在恶化，巴菲特只能无奈选择抛售部分达美航空股票，割肉价格在23~26美元，几乎亏掉了一半。

除此之外，巴菲特还会运用期权降低持股成本。1993年，可口可乐公司的股票持续走低，市场开始沽空可口可乐股票，但是巴菲特认为自己可以以每股35美元（当时是40美元）的心理价位买入300万股可口可乐股票，他非常坚信最后的价位不会跌破这一市场价位。正因为如此，他卖出可口可乐的看跌期权以降低自己持有股票的成本，1993年4月，他以每份1.50美元的价钱卖出了300万股可口可乐股票的看跌期权合约，在他看来，只要在期限内（到期日是1993年12月17日）价格没有跌破35美元，那么自己可以按照35美元的价格重新购入这些股票。

当时巴菲特甚至打算增持200万股，而由于巴菲特已经获得了每股1.50美元的差价，使得实际成本变成了33.50美元。结果到了1993年年底，期权合约到期，由于股价没有跌到35美元，期权没有履行，巴菲特得以以更低的成本购入股票，并挣了750万美元。

对于普通投资者来说，降低持股成本的操作风险更大，难度也更大，它不适合普通投资者，卖掉股票才是一个更直接也更简单的方法，只要股票的增值达不到预期要求，甚至出现了严重亏损，就要及时割肉，抛掉这些股票，以免亏损更大。比如某人购买了一只股票，可是在几个月之后就发生了严重亏损，亏损程度甚至超过了50%，一旦意识到下跌的趋势在短时间内不会停止，或者发现该公司出现了严重的经营问题，就需要当机立断，抛售股票。

无论是持续投入降低持股平均成本，还是卖掉换股，一个基本前提都是所投资公司的内在价值不高，股票增值空间不大，只有发现自己投资了一个劣质股，才可以想办法运用这两种方法解套。如果标的非常优质，有着很好的发展空间，那么依据长线操作原则，投资人根本没有必要在暂时的股票波动中丧失信心，或者可以像巴菲特一样运用期权降低持股成本，并以此来获得更高的盈利。

对于投资人来说，坚持止损原则始终是一个重要的手段，当行情不好的时候，一定要想办法解套，避免亏损更多。

永远不要觉得自己什么都懂

“我们在某些关键之处存在着盲点。亨利·考夫曼曾说：破产的有两种人，一种是什么都不知道的，一种是什么都知道的。”

——巴菲特

1994年，16个富有经验且高智商的人组建了一个投资团队，并且成立了长期资金管理基金，在创立之后的几年时间里，这个基金的年盈利率在40%以上，引起了很多人的关注。可是到了1998年，由于投资和管理不当，这个基金在4个月内就亏损了46亿美金，外界一片哗然。

当大家都在以不可思议的眼光看待这一切的时候，巴菲特却找出了这个团队遭遇失败的原因，那就是他们太聪明，以至于太自以为是了。据了解，这个团队中的成员都是一些资历很深且很有投资头脑的人物，他们在专业领域经营了许多年，其中两位还是诺贝尔经济学奖获得者，这样一个高智商的团队与任何一个投资团队相比都毫不逊色。这些人拥有足够丰富的投资经验和管理经验，拥有充足的运作资金，拥有强大的社会关系网，从硬件设施来说几乎无懈可击。但是巴菲特认为这些人做了自己本不该去做的事情，而且他们自认为可以掌控一切，因此甘愿去冒险，最终给自己挖了一个很大的陷阱。

在评价这件事的时候，巴菲特非常遗憾地说了一句话："为什么聪明人净干蠢事？"在巴菲特看来，从某种程度上来说，这些人的决定基本上都依赖于一些事情，那就是依据过往的经验和历史来做出数学统计，依靠数据分析和计算，他们认为这一次的市场波动幅度不会影响他们获利，但历史并不会真正告诉人们将来某一金融事件发生的概率。当一堆聪明人觉得自己什么都知道的时候，往往会为这个"优势"付出惨痛的代价。

如果将这个案例延伸到整个现实生活中，就会发现，这几乎是很多优质人才的通病，这些人拥有良好的家世，拥有很棒的教育背景，拥有显赫的工作经历，拥有出色的业绩，而且社会关系网非常发达，平时接触的都是一些高端的人脉圈，可以说无论是自身的实力，还是外在的资源，都非常有竞争力，但是这些人在投资或者经营管理企业的时候，就不见得会做出一些匹配自身实力的业绩。有时候，这些理论知识和实践经验都很丰富的人，往往具备强大的操作能力，但是过度聪明和优秀恰恰会成为其自身最大的缺点。

聪明的人会过分相信自己的直觉，并且认为自己知道一切，因此经常会屏蔽掉其他人的建议；聪明的人可能试图计算和控制一切，但资本市场本身就不可预测，任何自大的冒险行为都可能会造成严重的后果；聪明人往往更容易断绝后路，他们并不觉得自己会失败，因此没有必要有所保留。在资本市场上，每过一段时间就会出现所谓的投资天才，也存在很多学识、阅历都很丰富的投资者，但巴菲特只有一位，很多聪明人最后都在资本市场中犯下重大错误，最终惨淡退场。

真正优秀的投资人绝对不会过度依赖自己的智商来处理投资上的问题。第一，他们需要界定自己的能力界限，了解自己能做什么，有把握做好什么，对于没把握的事情要么会远离，要么征求专业人士的想法和意见。第二，他们在进行独立思考的同时，往往保持谦虚的态度，接纳一些有价值的建议，避免因为自大而做出错误的决策。第三，他们会遵循一些基本的规律和准则，而不是完全依赖自己的主张行事，做任何事情都要经过大脑的思考。许多人觉得巴菲特经常做一些和市场表现相悖的事情，其实这恰恰是基于对市场规律最深入的了解。第四，投资者有必要认真分析标的发展的现状和过去，但不是试图去精确地预测未来，这种预测本身就不具备太高的准确率。预测一家公司未来几年不会出现财务问题，不会出现腐败问题，不会面临金融危机的伤害，不会面临强大的竞争对手的冲击，或者预测公司会出现类似的问题，这些预测往往站不住脚，毕竟投资并不是单纯的数字游戏或者数字分析游戏，数字无法代表一切。

其实，当一个人对各种细枝末节的事情都了解，或者对几乎所有的事情都了解时，也就意味着精力会过度分散，他往往会在那些最关键的地方犯错。在谈到这个话题时，巴菲特非常理性地说："我们都有一定的概率会摊上类似的事，我们都有盲点，或许是因为我们了解了太多的细枝末节，把最关键的地方忽略了。”巴菲特的理念很简单，一个人不可能面面俱到，总会存在一些无法顾及的盲点，承认自身存在的盲点和不足，远远要比自以为是的高智商表现更为重要。巴菲特绝对不是投资界最聪明的那一个人，但他确实是最懂得如何挣钱的那一个。

在投资领域，保持理性是非常重要的，而保持理性的前提就是约束自己，不要让自己的主观猜测压制住客观事实，不要将经验用于一些不切实际的分析和推理上，从而避免在一些低级错误上栽跟头。巴菲特认为市场上最大的悲剧往往和盲目有关，而那些权威人士，那些投资专家，那些金融大师，那些经济学博士，那些所谓的聪明人，他们在很多时候也会陷入盲目的状态，这种盲目不是跟随他人行动，而是过分相信自己的经验和直觉，过分依赖那些死板的理论知识，而一旦盲从，那些经验和知识就会反噬自己。

多样化的资产组合可以创造稳定的现金流

“伯克希尔没有所谓的核心能力，我们的子公司将会进入开发5G或是世界上任何一个科技发展方面的行业，公共事业、液化天然气、铁路，这一类都包含在内，我们有一些工作人员，他们对方方面面的行业都有所了解，而且独具专业理念。我们现在期待以后这些行业中发生的事情，不见得能给你更多的帮助，我们并没有一个中央集中式的运作的方式。”

——巴菲特

许多人对于巴菲特的投资理念存在误解，认为巴菲特强调的“将鸡蛋放在一个篮子里”的集中化投资就是一种单一化的投资，认为巴菲特自始至终都只会购买一种股票，或者投资一家公司，这样理解显然是错误的。作为一个投资大师，且掌管着伯克希尔这样的大公司，巴菲特对于投资始终坚持集中化的原则，但这种集中化并不是单一化，如果对伯克希尔的投资进行分析，就会发现它基本上拥有十几种投资，这些投资包括苹果公司、可口可乐、美国运通、喜诗糖果、《华盛顿邮报》、富国银行、吉列公司、飞安国际公司、鞋业公司、比亚迪公司等。伯克希尔拥有一个多元化的企业综合体，包含了铁路、汽车、糖果、零售、百科全书、新闻出版、制服产销、家居家具、真空吸尘器、珠宝销售厂家以及一些区域性的电力和天然气公用事业。

这些投资项目体现出了巴菲特多元化投资的理念，只不过这种多元化不是完全分散的，对于伯克希尔这种体量的公司而言，还是具有一定的集中性，换句话说，巴菲特不太可能投资500或者1000家企业，而是看重那些优质的企业，只不过这些企业通常不是一种类型的，这就是巴菲特的投资组合理念。巴菲特曾经说过理想的投资组合不应该超过10个，但巴菲特自己就打破了这样的原则，毕竟伯克希尔巨大的体量能够支撑这样的投资组合。不过，对于多数投资人和投资机构来说，还是无法去投资十几个甚至几十个企业，他们更需要集中资金投资少数能够带来丰厚回报的企业，但是适当的多元化还是有必要的。

巴菲特之所以强调类似的投资组合，是因为一方面可以保证资金不会太分散，这种相对集中性可以确保公司在优质项目上获得更高的回报；另一方面，可以确保公司的投资实现适当的多元化，这并不是为了平摊风险，而是为了让资产配置更加丰富、更加合理。巴菲特认为现在的投资环境不同于以往，好的机会已经越来越少，人们必须想办法成功地把握住那些最优质的项目，同时也要寻找多样化的投资项目，提升盈利空间。在所有的投资中并不是平均分配资金的，有些企业可能会投入几十亿美元，有的企业可能只有几亿美元的投资，这样的投资无疑让伯克希尔可以在不同企业和项目上灵活运作，保证收益的最大化。

不仅如此，无论什么时候，巴菲特都期待着保留一大笔资金，这笔钱的作用就在于寻求多样化的投资，这是一个非常有意思的循环，通过多元化投资来积累现金流，同时通过强大的现金流来拓展投资项目，强化多元化投资的规模。巴菲特在2019年曾经做出指示："过去10年，伯克希尔的折旧费用总计650亿美元，而公司在房地产、厂房和设备方面的内部投资总计1210亿美元。对生产经营性资产的再投资将永远是我们的首要任务。"

这一点对于很多中小投资者来说，至关重要，多样化的资产组合不仅仅体现在对不同企业的投资上，它还可以广泛地理解为将资产分配到不同的投资领域。就像一个普通的家庭一样，通常最明智的做法不是将钱全部用来储蓄，因为储蓄获得的利益还跟不上通货膨胀带来的存款贬值，简单来说，可能存几年钱之后，获得的利息还弥补不了通货膨胀引发的货币贬值。或者有些人会将资产全部投入到房产或者股市，但这样做的风险很大，尤其是最近几年房价基本趋稳，股市也不景气，这样的单一投资会让家庭资产面临巨大的风险。对于多数家庭来说，比较合理的方式就是按照自身情况进行分配，确保储蓄、保险、股票、房产等多个方面都有所涉及，这样的分配可以让资产更加稳定、安全，而且收益面也更广，但前提是所选择的投资项目一定要经过认真审核，如果自己不了解或者无法确保投资会获得预期收益，那么很有可能会导致投资失败。

在构建一个投资组合的时候，除了兼顾能力和需求问题，投资组合还不能太分散，必须将钱集中在少数几个值得信赖的项目上，比如一二线城市的房产，一些优质的股票，大额度存单以及重要的保险或者养老金。巴菲特说过："在我们的持股中，我们看到的是一个由我们部分拥有的公司组成的集合，在加权基础上，这些公司的净有形股本收益超过了运营其业务所需的20%。此外，这些公司在不动用过多债务的情况下也能赚取利润。"对于普通投资者来说，集中投资是一个非常高效的操作方式，选择少数几个重要的投资项目，无疑会让个人的财富更加稳健地增长。

对于一个常规家庭来说，保险通常是非常重要的组成部分，可以有效避免因为各种意外事故而造成资产的流失。储蓄的价值则在于可以确保资金的充足，以备不时之需。房产是家庭资产中最重要的组成部分，经济条件允许的话，应该选择一些有升值空间和保值空间的房产。一些企业或者商业的投资主要还是看个人的眼光，也是重要的收入来源。一般来说，这几个投资项目需要重点进行投资。

此外，投资的项目不能有太多的重复，如果没有什么特殊的情况，每一种投资最好只涉及某一产业或者某一类型，就像一个投资者没有必要同时购买两家饮料公司的股票，或者购买两个不同公司的保险。在考虑自身经济条件以及投资能力的前提下，在某一领域内投资两个或者多个相似度很高的企业、项目，并不是一个明智的选择。实际上，同一领域内的优质企业并不多见。更合理的组合配置应该带有一定的互补性，至少不应该有太多的交叉。

总的来说，只有努力构建一个合理的、高效的投资组合，只有想办法打造一个更加安全的、稳健的投资组合，投资者才更有机会获得稳定的、持续的收益。

投资人不需要做对很多事情，只是不要犯下重大的错误

“伯克希尔将永远是一个金融堡垒。在管理方面，我会犯下昂贵的交易错误，也会错过很多机会，其中一些对我来说应该是显而易见的。有时，随着投资者逃离股票，我们的股票将会下挫。但我永远不会冒现金短缺的风险。”

——巴菲特

巴菲特曾经说自己最失败的一次投资是买入伯克希尔公司的股票，听起来有些疯狂，但事实正是如此。1962年，巴菲特购入了当时价钱很便宜的伯克希尔公司股票，当时的他完全受到格雷厄姆“便宜价格”投资理念的影响，觉得自己出手的时机也很好。到了1964年，伯克希尔公司开始决定大量回购公司的股票，巴菲特于是提出了11.5美元/股的报价，但是伯克希尔的CEO却只愿意提供11.38美元的报价。

双方多次谈判都不欢而散，年轻气盛的巴菲特做出了一个冲动的决

定——直接将这家公司买了下来，然后开除了公司的CEO。当时伯克希尔公司还是一家纺织公司，而纺织业面临着人工成本高涨的危机，在美国本土越来越不景气，伯克希尔举步维艰，巴菲特在之后的21年时间里一直往里面赔入资金。到了1985年，这家纺织企业被关闭，但是巴菲特不知道是出于情感因素还是其他什么原因，直接将这家公司变成了最大的“壳”，并且孵化出了一大批出色的企业，最终在多元化投资的道路上积累了巨额财富。

对于巴菲特来说，伯克希尔只是一个门面而已，他可以选择其他任意一家公司作为壳，并且如果当时选择了一家保险公司，那么巴菲特的业务将会做得更加顺利，也许伯克希尔公司不存在，但是会出现一家市值两倍于伯克希尔公司的大企业。换句话说，巴菲特因为投资伯克希尔，而损失了一个规模两倍于伯克希尔公司的超级公司，如果不是因为这一次失误，自己就成为首富了，自己的公司也会成为世界上市值最高的企业。虽然如今的伯克希尔公司仍旧非常成功，但巴菲特在年轻时的错误决定直接改变了这一切，所以巴菲特给投资者的忠告就是不要犯下什么重大错误，只有这样才能避免出现巨亏。

巴菲特曾经说过投资和收购就像婚姻一样，婚前总是觉得一切都很美好，对未来抱有期待，可是婚后却发现处处都充满不如意，许多不愉快的事情会接踵而来，打破人们对于婚姻的美好期待。但是正如同那些失败的婚姻一样，巴菲特总是能够找到一些失败投资的痕迹与特征，“幸运的是，大多数企业都具有令人失望的特征，这也减少了犯错带来的影响：随着时间的流逝，‘劣质’企业趋于停滞，其业务在伯克希尔所占比例会越来越小，同时，我们的‘好’业务往往会增长并将以更快的速度来寻找更多的投资机会。由于这些变化，由伯克希尔·哈撒韦公司所管理的资产将不断增加”。

美国股市在历史上出现了多次崩溃，哪怕是从20世纪60年代算起，也经历了好几次，但巴菲特躲避了绝大多数的股灾，这就是他能够成为超级富翁的原因。严格来说，巴菲特一生中做出的正确投资并不多，毕竟他的投资项目不算多，更多时候，他只是预感到了危机，然后尽量不让自己犯错而已。在股灾到来之前，巴菲特总是会保持“什么也不做”的淡定状态，对他来说，这种淡定和“不作为”本身就是最好的财富保证体系，他并不奢求能够做出更多正确的决策，但一定要竭力避免犯下一些重大的错误。

这样的理念和许多投资者的投资想法不同，在许多投资者的眼中，盈利始终是第一目标，这样就会导致他们从一开始就专注于自己能不能挣钱，却很少去关心会不会亏损，会不会给自己带来很大的负面影响。由于盲目追求利润，他们忽略了投资风险，甚至在一些关键问题上犯下重大的错误。

一些投资机构经常会存在一些非常奇怪的洗脑培训，诸如“我们的每一次投资都是冲着赢而去的，不要总是去想着失败的事情”“如果一开始就想着失败的事情，想着操作不当后会怎样，我们的所有操作都会束手束脚”，或许是一种信心上的鼓励，或者是一种盲目自信，但无论是什么行业，对于失败的漠视往往都会招致更多的失败。其实，盈利的前提很简单，那就是尽量保证不亏损，这是一条底线，也是保存资金的关键原则。

投资市场有很多大起大落的案例，有的人可能会在短短一两年时间内积累上亿的身家，但很快会在一两年内亏掉，而巴菲特不一样，他的投资准则是尽量不要犯错，然后在有把握的投资上加码。不犯错远远要比做出正确决策更加容易，远远要比做对事情更加简单，少犯错误才能保存资金，也才有机会将这笔资金运用到更好的项目上。

那么如何才能做到不犯下重大错误呢？

第一，无论投资的股票是不是真的潜力无限，永远不要试图将所有的资金投入到这一个标的上去。100%的投入也就意味着要承担所有的风险，尤其是当投资发生之后，自己将不会有任何一笔钱用于其他好的投资上，当出现亏损时，也无法从其他投资上获得弥补。适当的多样化投资，才是最合理的，投资者可以在某些心仪的项目上投入较高比例的资金，但不要忘了留出部分钱用于其他标的的投资。而且在盈利或者亏损发生后，要及时调整不同投资组合的比例，确保形成一个安全的投资组合。

第二，不要总是想着跑赢市场，因为任何一个投资者都要意识到一个问题：自己面对的是一群专业的投资者和竞争者。在资本市场上，投资者的过分自信并不是一个好的现象，它会做出一些错误的引导，人们应该保持一定的敬畏之心，并且运用市场波动来进行合理操作。

第三，不要去犯一些常识性的错误，诸如错误地理解了经济发展规律，错误地理解了一些经济学概念，或者对企业估值的方式存在明显漏洞。这些常识性的错误通常都是可以避免的，只要不犯错自然不会造成不必要的亏损。

第四，不要只看重当前发生的一切，因为这样做只会让投资者更加短视，而短视的投资者通常会因为缺乏战略眼光和大局观而犯错。

第五，不要寄希望于借助高杠杆来解决问题，对于多数投资人来说，杠杆存在巨大的风险，如果一直都觉得借助杠杆才能获得更多盈利，就有很大可能在杠杆操作中犯下大错。

其实，关于如何避免犯下大错的要求以及原则有很多，总的来说，还是要求投资者保持理性思考和分析的态度，把那些制造麻烦的不稳定因子排除在外，并且时刻将“不要犯大错”当成投资的底线以及基本原则。

在重大危机面前，躲避它们有时候比解决它们更有效

“也许是我还没有学习到如何处理难以应付的企业问题。我学会的只是去避开它们。”

——巴菲特

1987年，巴菲特投资了所罗门兄弟公司，而且总的投资资金达到了7亿美元，在那之前，伯克希尔从未有过这么大规模的投资，可以说巴菲特对这笔投资非常看好。可是三个月后，所罗门兄弟公司就遭遇股价暴跌，公司先后裁员以及关闭小业务，客户关系受损让股价继续下跌。此时，公司的薪酬委员会提出了员工行使股票期权的议案，此举让巴菲特震怒，他当时想到了两个办法，第一就是卖掉股票，可是如果自己贸然出局，必定会让情况变得更加糟糕。第二就是换掉现任CEO，可是现任CEO和巴菲特的关系很好，而且巴菲特就是因为看重他的为人才进行投资的，自己自然不会做出这样的选择。

由于两个选择都不合理，他最终还是支持CEO进行新一轮裁员，由于裁员，公司开始出现混乱，CEO对公司失去了控制，内部开始出现腐败操作行为。其中一名叫莫泽尔的骨干人员利用不正当手段操控国债市场，并导致很多企业破产。最终美国证券交易委员会和美国国防部开始调查，并直接发现了更多的金融丑闻。面对调查与外界的责难，所罗门兄弟公司遭遇了前所未有的危机，董事会让巴菲特接任董事长。当时芒格劝说巴菲特不要冲动，如果卖掉股票，自己最多也就是亏掉7亿美元，但是一旦接手这个烂摊子，可能一辈子都要被这家公司拖垮。

巴菲特不甘心这家公司在调查中被摧毁，于是就决定担任董事长，但即便如此，美国司法部和财政部也不打算放过这家公司，财政部的想法很简单，只要有巴菲特这个全美第二富豪（当时他的身家38亿美元）在，这家公司就不会垮掉，而他们也可以通过严惩（准备禁止所罗门兄弟公司参与财政部的竞拍活动）来警告其他资本家。巴菲特意识到一旦所罗门兄弟公司被禁止，那么自身破产不说，整个行业将会发生“大地震”，毕竟所罗门兄弟公司是当时美国一家巨大的投资银行，整体的资产负债规模达到了全美第二的水平，只要稍有不慎就会导致公司出现大震荡，整个金融体系也会受到严重冲击。

眼看着禁令就要颁布，而东京股市和伦敦股市即将开盘，这个时候如果禁令正式下达，那么所罗门兄弟公司将会被彻底摧毁。摸准了财政部的想法之后，巴菲特大胆做出了决定，他主动致电财政部官员，强调自己还没有正式成为所罗门兄弟公司的董事长，自己还在考虑。财政部官员意识到自己的禁令可能会摧毁公司，而巴菲特也会选择退出时，最终收回了禁令。与此同时，苏联正式宣布解体，关于所罗门兄弟公司丑闻的新闻焦点一下子就被转移了。

但这件事对巴菲特来说无异于一次巨大的冒险，在此后的时间里，巴菲特从来没有遭遇过这样的危机，以至于巴菲特直到现在也坦言，如果自己重新做出选择，一定会选择远离所罗门兄弟公司，因为自己参与进去绝对不是一个明智的选择。这件事给他的一个教训就是，如果出现了重大的危机，那么不要总是试图去解决它，因为解决事情可能会让自己面临更大的风险，也会付出更大的代价。相比之下，躲避危机有时候才是更加明智的做法。盲目的英雄主义与过分的自信，在投资中应该极力避免，真正优秀的投资人或者企业家一定是理性的，他们对于自己的一言一行都有深刻的思考，都会进行理性分析，确保自己的所有行动不会鲁莽冲动。

事实上，任何投资者以及企业都可能会面对一些重大危机，这些危机通常不是个人可以抵抗和扭转的，比如金融危机、股市大崩溃，或者遇到战争、自然灾害（火山、地震、海啸）、病毒大传染，这些灾难性事件往往会对整个资本市场的运作产生很大的冲击，也会对个人的投资造成严重的影响。比如投资者试图在金融危机中扭转败局，就绝对不是明智的举动，聪明人会提前做出撤出的准备或者在亏损发生时，尽早脱手，而那些继续坚持并且期待着可以依靠自身力量拉高股价的人只会让自己输得更惨。或者在战争到来的时候，还要想方设法经营自己的产业和投资项目，同样会让自己遭遇亏损。又或者当某家公司遭遇丑闻危机的时候，自己的投资将会受到牵连，任何一种鲁莽的拯救行为都可能会让自己遭受重创。

很多投资者以及企业，首先强调的是“活下去”，而“活下去”的一个特点就是保证拥有充足的现金，只要拥有现金，那么就可以等待合适的项目和时机进行投资，而不是在重大危机中白白消耗掉。比如2008年金融危机爆发之后，很多金融机构都出现了资金荒，不得不向政府申请贷款，但是巴菲特所在的伯克希尔却因为拥有大量的现金流而低价购入很多优质股票。所以当危机来临的时候，保留大量的现金非常重要，这是躲避危机的一个重要保障。

对于某些重大危机，人们还是应该心怀敬畏，而且人们没有必要将精力用在解决重大危机上，花点时间去做一些自己更有把握的事，将保存下来的资金用于一些更加优质的投资，这才是最合理的选择。真正优秀的投资人懂得迎合环境的变化和发展进行投资，而不是想着如何去对抗大的危机，因为对抗的风险太大，一旦操作不当，自己将会失去更多。

找准自己的能力界限

“我们之所以取得目前的成就，是因为我们关心的是寻找那些我们可以跨越的一英尺障碍，而不是去拥有什么能飞跃七英尺的能力。”

——巴菲特

格兰托尔经纪公司的一位高管曾经回忆了自己与巴菲特共进晚餐的趣事，当时巴菲特点了一份特别的火腿芝士三明治，几天之后，巴菲特与这位高管再次外出就餐，结果巴菲特兴致勃勃地提议继续去这家餐厅享用美食。高管非常疑惑地说：“可我们不久前刚去过了啊。”巴菲特笑着说：“没错，所以为什么要冒险去另一家你不了解的餐馆呢？我们都知道自己想吃什么。”

巴菲特的这种用餐习惯实际上折射出了他在投资方面的一些基本理念，那就是不要轻易冒险去做自己不了解的项目，不要冒险去涉足自己不熟悉的行业。比如科技行业就是巴菲特不喜欢的投资项目，多年来，巴菲特一直都在尽量避免追赶科技潮流，这位有史以来最伟大的投资者并没有像其他狂热的投资人那样疯狂追求掌握最新的技术，努力让自己站在时代的前沿来把握商机。事实上，他是一个彻头彻尾的“老古董”，他不喜欢电脑，唯一使用电脑的乐趣在于可以用它打桥牌，因此他的办公室里没有电脑，他也从来不用智能手机，他甚至没有股票行情收报机，他拥有一整套看起来有些古板的老套的数据收集系统，重要的是，他更加相信自己的方式和策略。对于科技的漠视不仅仅体现在生活上，在投资领域，他也很少对科技公司产生兴趣，即便一些科技公司如今已经成为全球最具竞争力的公司，但巴菲特自认为不了解科技行业，对科技行业缺乏掌控力，因此并没有太大的兴趣。

巴菲特的立场很鲜明，那就是绝对不去做那些自己不了解，也没有绝对把握获得成功的事情。他曾经谈论过自己的投资：“我可以理性地预期投资可口可乐公司的现金流量。但是谁能够准确预期10大网络公司未来25年里的现金流量呢？如果你说你不能准确预期，你就不可能知道这些网络公司的价值，那么你就是在瞎猜而不是在投资。对于网络企业，我知道自己不太了解，一旦我们不能了解，我们就不会随便投资。”

许多人曾经批评巴菲特在科技领域的投资非常迟钝和保守，缺乏对现代技术发展的了解。关于这一点，巴菲特也曾承认自己的确错失了一些好的科技公司，像谷歌公司就是一个例子，但是他很少会因为这件事情而后悔，因为在十几、二十几年前，巴菲特的确对谷歌公司的发展一窍不通。另外，在当今世界科技行业如火如荼发展的大背景下，真正能够像谷歌公司一样的企业又有几家呢？大部分的科技公司都在泡沫中泯灭了，一些曾经甚至比谷歌公司更加风光的企业，如今也湮没在市场中，多数投资人还是没有在科技公司的投资上挣到钱，看看硅谷一年要倒闭多少科技公司，看看每年有多少科技项目流产，就知道科技行业的投资眼光需要多么毒辣。

巴菲特并不是对什么都感兴趣，许多看上去很有潜力的行业，他也不见得会产生多少兴趣，见多识广的他并不觉得自己能够掌控好相关行业的竞争和变动，他甚至无法确定在所有的投资博弈中，谁会最终受益。很多看起来不需要太大成本的新项目，会在短期内获益良多，但是它们是否具备产生长期收益的潜质呢？是否能够在一个更长的跨度内保持强大的竞争力呢？这些行业的竞争规则是怎样的，自己能否改变这些规则呢？对于这些，他并不清楚，因此也就会选择谨慎行事。

追逐利益是每一个企业家或者投资人都在做的事情，也是一个有目标、有理想的企业家应该坚持的理念，在经济学领域，“有利可图”往往意味着企业敏锐的市场嗅觉，意味着企业对于市场上的商业需求以及最基本的盈利分析有一个良好的判断。但是对于任何人来说，有利可图并不意味着一定就可以获得这些利益。

单纯地分析一些热点投资项目，就会发现它们中绝大多数都具有明显的时代特征，无论是房地产、互联网、新能源汽车，还是其他一些关于人工智能的项目，本身都是和时代紧密联系在一起的，时代的发展和变化基本上都在左右这些项目的发展。在特定的时代背景下，这些行业都会创造极大的利润，但问题在于并不是所有人都能有效地把握住盈利的机会，很大一部分原因还是能力问题。

早在10年前，在北京或者深圳投资房产如今都可以挣得盆满钵满，但是有很多人即便有充足的运作资金，也无法有效把握住机会，因为很多人对于市场的分析和判断能力不足，对于投资时间的把握也缺乏相应的能力。而许多人明明不了解趋势，却还要投入巨额资金进入房地产，结果往往会被套牢。

巴菲特说过，“很多事情做起来都会有利可图，但是你必须坚持只做那些自己能力范围内的事情，我们没有任何办法击倒泰森”。这样的投资理念对所有人来说都是适合的，如果投资超出了能力范围，那么这项投资的潜在收益即便很惊人，最终也很容易产生巨大的亏损。

不过，对于自己能力之外的东西，对于自己所不了解的那些东西，巴菲特并不是完全保持抗拒的心态，他愿意花费更多时间去了解这些东西，愿意花费时间来提升自己的免疫力，如果时机成熟，他还是愿意做出调整的。

他曾经说过：“我们不会因为想要将企业的获利数字增加一个百分点，便结束比较不赚钱的事业，但同时我们也觉得只因公司非常赚钱便无条件去支持一项完全不具前景的投资的做法不太妥当，亚当·史密斯一定不赞同我的第一项看法，而卡尔·马克斯却又会反对我第二项见解，而采取中庸之道是唯一能让我感到安心的做法。”在投资苹果公司的时候，就采取了中庸的原则，因为巴菲特对于苹果公司的行业规则和发展模式仍旧不太清楚，但他最终还是投资了，而且这笔投资如今价值700多亿美元，成为伯克希尔公司最重要的一笔投资。

对于其他人来说，同样如此，一方面要把握住自己的能力圈边界，避免跨过这条边界线；另一方面也要保持适度弹性，毕竟投资本身就存在一定的冒险因子，如果太过于保守的话，一样会错失很多发展机会。

第五章

巴菲特的内部资金管理——让财富获得合理的配置

为了确保投资效率，巴菲特非常注重内部的管理，他会努力运用自己的选股能力、投资能力帮助股东获得更大的收益，而且巴菲特是真正为股东考虑的优秀投资人，这一点至关重要。巴菲特曾经说过：“如果大家对你的期望你没有办法达到的话，你绝对不能替他们管理他们的钱，所以你从很小的地方开始做起，如果你已经具有信心了，你的父母也把钱给你了，你也可以替他们管理和投资。也许我的业绩记录不是最好的，但是一段时间以内我可以证明你对我的信心是不会让你们失望的。”

把股东的钱当成自己的钱来投资

“我们不会无视长期经济规律而用被人为操纵的价格去购买整个公司。在花您的钱时，我们就如同花自己的钱一样小心，并会全面权衡如果您自己直接通过股票市场进行多样化投资所能获得的价值。”

——巴菲特

在谈到巴菲特的投资以及操作模式时，有一个重要的内容是不可忽视的，那就是巴菲特非常善于将别人的钱用于各种投资或者再投资，旗下的保险公司为他提供了低成本的无限现金流，这是巴菲特驰骋资本市场的利器，甚至可以说是巴菲特长线操作的基石。许多人由此会说，巴菲特的成功是依靠他人的钱来挣钱，如果其他投资者也能够从别人那儿获得无限的现金流，他们是否可以做得像巴菲特一样出色呢？恐怕很难，除了投资技巧和能力上的差距之外，还有一个重要原因在于多数投资者无法像巴菲特一样对股东的资本充满敬意，他们会将这些钱占为己有，而不是像对待自己的钱一样来对待别人的钱。

如果对伯克希尔的一些操作进行分析，就会发现巴菲特总是非常谨慎且合理地使用每一笔钱，他从来不会将股东们交给自己打理的财富用于其他任何非投资的事情。也许巴菲特可以依据自己的名声打造一条巴菲特街，建造一个巴菲特酒店，或者巴菲特大厦、巴菲特机场以及巴菲特高塔之类的建筑物。但他更希望将钱用在能够真正产生回报和价值的地方，更希望让所有的股东都获得收益，而不是满足自己的私心。他会将钱用在任何可能产生价值和收益的地方，同时也尽量规避潜在的风险。

在2018年下半年，伯克希尔突然买入了价值21亿美元的甲骨文股票，许多人都认为巴菲特对这家试图转型的科技公司非常看好，而且这个时候，伯克希尔已经清仓了IBM公司的股票，巴菲特似乎有意寻求新的科技公司来替代它。可是令人感到意外的是，巴菲特在持有这些股票几个月后就全部抛售，这很不寻常，毕竟巴菲特的大部分股票都在持有数年乃至数十年以上，像这样持有几个月时间的还是非常罕见的。巴菲特诡异的操作看起来就像是一个股市新手一样，就连伯克希尔内部也有很多股东对此感到不解，公司才亏损了一千多万美元，完全在正常的波动范围内，没有必要那么快撤离，他们认为巴菲特完全背离了当初的操作原则。

其实这一次的迅速解套，并不是因为亏损了一千多万美元，而是因为巴菲特意识到甲骨文的投资价值并不高，转型也许并不顺利，未来的亏损还会继续下去。由于IBM公司的经验教训还在眼前，为了避免出现更大的亏损，他直接选择了退出。虽然巴菲特喜欢长线操作，但在不看好行情的情况下，他并没有继续拿股东的钱冒险。

巴菲特并不是一个完美的投资者，他对于科技股方面的投资就不尽如人意，他自己也承认看不懂科技公司的发展模式，但是在投资态度上，他是专注且认真负责的，从来不会拿股东的钱胡乱投资，无论如何，他在过去几十年时间里证明了自己是绝对值得信赖的，他已经为股东挣到了很多钱。

有些投资机构喜欢冒险，而且投资之前并不会真正去了解标的，一切全凭个人的喜好和直觉，他们对于投资是否会获得成功并不在乎，反正自己手里的很多钱都是股东的，一些人甚至挪用股东的钱用于私人公司的日常经营，以及一些不合理的投资。一些上市公司本身并不在乎是否真的会挣到钱，他们只想着将股东的钱控制在手中。有些公司从创业开始就没有花过自己一分钱，基本上都是通过众筹的方式花投资人的钱，亏损了也是亏他人的钱，自己根本不在乎。尤其是一些“互联网+”公司，它们通常会借助一两个新颖的互联网概念在业内进行圈钱游戏，投资者们趋之若鹜，最终只是满足了创业者的私欲。每年都有大量互联网创业公司倒闭，由此就会发现一些创业者目的不纯。

当创业者和企业家从一开始就以获得他人的钱而不是创造盈利为目的时，这样的投资就已经危机重重了。而从长远来说，这样的投资机构或者企业无法长久生存下去，对于一个致力于长远发展的企业来说，为股东赢得更多的收益才是最重要的，将股东的钱用在最能创造价值和收益的投资项目上，才是企业最应该考虑的事情。真正聪明的投资机构应当把股东的钱当成自己的钱来投资，应当努力实现收益的最大化，这不仅仅是一种态度，更应该是一种行动上的展示。

首先，要选择优质的标的，每个人的选择模式都不一样，投资方式也不相同，但选择优质的标的进行投资应该是第一要务，也是确保股东的投资能够增值的前提。无论是投资还是再投资，无论是留存收益直接投资，还是换股投资，企业或者投资机构的管理者都要尽量把钱用在最能创造收益的地方。

其次，要保持坦诚的态度，确保股东能够及时了解投资的现状和收益，能够更好地掌握投资的相关信息。在整个过程中，股东们都享有绝对的知情权。比如巴菲特每年致股东的信第一页就是一张表，列示从1965年以来伯克希尔公司每年每股净资产增长率、标准普尔500指数年增长率以及二者的差异。

作为企业或者投资机构的管理者，有必要慎重对待股东的钱，有必要运用最合理的资金分配手段来提升投资的效益。

需要注意的是，管理者必须赢得股东的信任才能操作，双方应该拥有一致的心态。2019年5月5日的伯克希尔年会上，一位来自旧金山的居民询问如何才能成为一位合格的投资经理，如何才能更好地管理其他人的钱。巴菲特做出了回应："我不认为你想要管理其他人的钱，直到你拥有一个载体，能够找到能分享你投资理念的人。"

在巴菲特看来，想要更好地管理其他人的钱，基本前提就是必须要拥有一些工具，而且确保那些同意让你管理钱的人与自己保持统一的心态，否则就会引发他人的激烈对抗。多年来，巴菲特一直都不喜欢与人做一些合资企业，就是因为合资的本身就会产生意见上的分歧和心态上的对立，如果对方不相信管理钱的人，那么管理者的行动会处处受到掣肘。巴菲特在投资的时候并不看重对方钱多钱少，唯一看重的一条就是寻找一个自己信任且对方也信任自己的人，双方拥有同样的思维和心态，“我要管理的钱绝对不会有问题，只要你跟我意见一致。有的时候，我觉得事情很好的时候，你还是会觉得失望的。所以，你要管理其他人钱的前提是必须自己已有一些工具，而且你可以真正地使被你管理钱的人跟你有一样的心态，你才能够去管他的钱，否则他们会对你砸石头的”。

只有彼此信任，才能更好地进行投资，这是保持投资成功的一个前提，也是巴菲特最为看重的一个前提。

每1美元留存收益，至少要为股东创造1美元的市场价值

“我们不断反思公司留存收益是否合理，其检测标准是，每1美元留存收益，至少要为股东创造1美元的市场价值。迄今为止，我们基本做到了这一点。我们只有在收获和付出相等的时候发行普通股。”

——巴菲特

如果对伯克希尔公司进行分析，就会发现这家投资公司很少进行分红。无论是现金分红还是股票分红，都不是巴菲特常用的手段。很多公司会将分红当成一种激励手段，以此来提高股东的收益，但巴菲特在确保股东利益最大化的时候，采取的却是不分红的方式。如果一些项目非常好的话，巴菲特就不会提供分红，而是将这笔资金用于投资。

最典型的就是伯克希尔旗下的三家能源公司，多年来，巴菲特一直希望能够把这些公司投资在更好的公共事业上面，所以这些公司在过去

二十年从来没有进行所谓的分红，尽管很多其他电力公司和公共事业公司的分红会非常高，让人觉得眼红，但是伯克希尔并没有打算这么做，它可以利用积累下来的高额资本进行投资，伯克希尔一直都在努力寻找一些更有意义且更加合理的项目，而且他们一直以来做得非常不错。

正如巴菲特所说的那样，“在伯克希尔，查理和我一直以来都高度重视有效地运用保留盈利。有些时候，这份工作其实是很轻松的，可是在另外一些时候，这份工作用‘困难’来形容都嫌不足——尤其是我们面对着体量巨大，而且还在持续膨胀的现金的时候”。

巴菲特非常认同凯恩斯的观点，凯恩斯说过“通常，管理良好的工业公司不会将其全部盈利分配给股东。在好年景里，即使不是所有年景，他们也会保留一部分利润，重新投入到业务中去。因此，好的投资存在一个有利的复利因素。经过多年的时间，除了支付给股东的股息外，一家稳健的工业企业资产的实际价值会以复利形式不断增长”。

很多公司喜欢通过分红的形式来激励股东和员工，而这样的激励方式通常都是一些短期的刺激，但是盲目的激励只会让企业的资金减少，同时失去更多更好的投资机会和发展机会。假设一家公司的发展势头很好，它在第三年的时候开始盈利，并且收获了2000万元的净利润，管理者在支配这笔资金上可以有两种选择，第一种是将这笔钱以分红的方式分给管理者和员工。第二种是将这笔钱用于公司的生产规模扩大，公司可以继续增加一条生产线，并且建立一个新的仓库。

如果按照第一种分配模式，公司的营业额和利润可能在来年还会继续增长，也许会增长到2500万元的净利润，但受限于生产的规模，营业额与净利润的增长空间已经不大了，假设某股东在第三年可以分红到50万元，在未来5年内，每年的分红大约为58万元。如果按照第二种分配模式，公司将会不断开辟新的生产线，将能够更大地满足市场的需求，来年的产能将会大幅提升，净利润也有可能突破3000万，然后在未来几年时间内，快速突破6000万元，直至达到几个亿的净利润。某股东在第八年的时候，一次性获得的收益可能为1000万元。很显然，在一个优质企业中，企业将挣到的利润继续用于投资，无疑会产生很大的复利效应，对于股东来说，这种复利无疑会让自己积累更多的财富。

除了可以借助投资复利创造更大的财富之外，不给股东分红的另一个原因在于，股东的分红需要缴纳一定的税款，这样就会产生巨大的摩擦成本，对于公司以及股东来说都是不利的。与其将分红以税收的形式浪费掉，还不如直接留存收益，将其作为再投资的资本，从而帮助股东获得更高的收益。

对于企业的管理者来说，如何确保股东权益最大化是一个重要的任务，但这并不意味着就一定要留存收益，只有企业拥有良好发展前景的时候，分红才显得毫无必要。巴菲特也认为，对于企业增长带来的盈利，如果不能找到一些超越平均回报率的项目来投资，那么唯一合理和负责任的做法就是将获得的盈利分给股东，可以以分红或提高分红的方式进行，或者回购股票，巴菲特多次回购公司的股票。在2019年，伯克希尔公司回购了大约1%的股票，价值50亿美元。在2018年，伯克希尔也回购了14亿美元的股票。

在巴菲特看来，股东的利益必须得到尊重和保护，当行情不好或者找不到合适的投资项目时，直接让股东们拿到分红的现金，这样一来他们就可以寻找更高回报的标的。巴菲特是一个出色的投资人，但他从来不会过分迷信自己的能力和眼光就是最好的，他始终相信，投资者得到现金分红，必定要好过企业留存盈利并进行低效率的再投资。从外部来看，这种方式也是个利好，毕竟很多投资者会将提高分红直接当成一家企业运作优良的体现，如果分红很多，那么投资者对于这家企业的投资信心会更加充足。

何况当管理层在市场上积极回购股份时，往往就会给其他投资者展示一个立场和正面的形象，外人会觉得管理层真正将自己视为公司的主人，而不会漠视公司漫无目的地扩张。这样的形象无疑会向市场传递一个积极信号，更好地吸引那些一直试图寻找管理优秀的企业的投资者，从而提高股东的财富。

所以当管理者决定是为股东分红，还是为股东留存收益进行再投资，最关键的一点还是企业自身的盈利能力，如果盈利能力确实不行，那么就有必要给股东分红，使得这笔钱可以体现出最大的价值。

做好资金分配是投资的第一步

“我碰巧是个分配资金的天才。可我运用才华的能力完全取决于我出生所在的社会。如果生在狩猎为生的部落，我的天分根本一无是处。我跑不了多快，身体不是特别强壮，可能最终会成为某只野兽的晚餐。”

——巴菲特

在2019年的伯克希尔年会上，有人提出了这样一个问题：“现在你们手上持有这么多的现金。你对股票回购和股利分红两者的对比怎么看？另外现在看到伯克希尔的回报已经越来越低，未来一段时间内，伯克希尔可能将从一个收购平台，变为一个股东驱动平台，你们怎么看待这一种转移？”

巴菲特做出了回答，他觉得伯克希尔在未来的某一天也许真的会从一个收购平台转变成一个股东驱动平台，不过这种转变与未来几年时间里如何操作大笔收购有关，伯克希尔的管理层需要花费很长一段时间进行评判。按照他的理解，这样的转移是有可能发生的，而关键在于投资和收购的设定，公司仍旧会巧妙地做出资金的分配，确保投资的合理性。

“对资本进行分配”一直都是巴菲特非常看重的，巴菲特始终认为自己是资本市场中的一部分，他并没有像其他一些投资人一样，试图凌驾于资本市场之上，对他而言，自己最重要也最基本的工作就是分配资源，确保资源可以出现在最适合的地方，出现在最能产生价值的地方，为此他形成了一整套行之有效的资本分配模式。在分配资源或者说分配资金的时候，他并不会过分强调自己的主观性，而是希望最大限度地发挥客观性，尽可能地把管理资本的领域落实到重要的和可知的方面，确保资本和其他资源的分配可以落实到自己能力范畴之内，这样做可以保证资源运用的客观性、提高决策的成功率以及投资的确定性。

巴菲特的资金分配始终都在追逐收益最大化这个目标，多样化投资成为一个基本趋势，而多样化的前提是挑选不同领域内的优质标的，如可口可乐、苹果公司、吉列、喜诗糖果、富国银行。这些都是不同领域内的产业，而它们的共同点是投资回报率很高。此外，在进行多样化的操作和资本配置时，巴菲特不是单纯地搞平均分配。几十年来，伯克希尔投资了很多的公司，也收购了很多公司，但巴菲特并没有简单地将资本平均分成几份或者几十份用于各项投资和经营，他提倡的多样化始终都是按照具体的情况来确定投资比例的，有的企业会投资几亿美元，有的企业会投资几十亿美元，有的又只有几千万美元，对于不同的标的，巴菲特会得出不同的分析结果，自然也会进行不同的资金分配。

除了多样化之外，巴菲特的资本配置追求简单，任何复杂的行业以及复杂的选股模式都被他抛弃了，对他来说，简单的就是好的；资产配置注重决策的合理性，而巴菲特在这一方面无疑是强人；资产配置还注重安全边际的理念，不擅长的、不了解的，就不会轻易尝试，这样就可以确保资产运作的安全与稳健。还有一点，巴菲特的资本分配很少以增加每股盈余为目的，对于内在价值的把握使得巴菲特在回购股票或者增加股息时，强调增加每股股票的内在价值。

很多投资人、投资机构并不看重这些东西，他们看重的是投资本身，觉得只要有项目可投资，那么就有利可图，对于资金如何分配并不在乎。比如有的人会单纯地将所有的钱投资在某一个项目，或者一次性投资多个项目，并且将所有的资本平均分配，这些都是不合理的资本分配方式。对于投资人或者管理者来说，引导资本进入最能创造收益的领域是最基本也是最重要的工作，管理者应当采取优选、优分、优化的基本措施，优选就是选择优质股，即能够带来持久盈利的股票，或者说选择那些拥有更强更持久的竞争力和盈利空间的企业；优分就是在优质股中按照合适的比例进行投资，有些标的需要投入40%的资金，有的只适合投入10%，有的适合投入5%，还有部分资金则要保存起来；优化是指调整自己的投资结构，淘汰一些不合理的标的，增持一些看起来更有前途的股票，有时候则要懂得回购公司发行出去的股票。

不同的企业以及投资机构拥有不同的发展模式，遭遇的困难、机遇也不相同，因此管理者应当选择适合自己的资金分配方式，确保自己的投资处在一个合理高效的状态中。但无论如何分配，最重要的目的还是确保资本可以创造更大的价值和收益，而且在资金分配上，股东的利益要摆放在第一位，而这就要求所有公司必须在一个正确合理的体系上运作。除了找到更有价值的标的之外，公司还必须与股东之间建立起信任关系，资金分配工作才能顺利展开。比如有很多公司的管理者关心的是企业的盈利状况，关心的是企业的财务报表是否好看，这直接影响了管理者的操作，他们会片面追求一些虚假的业绩来保住饭碗，这样会导致资金分配出现问题，对于企业的长期发展非常不利。

资金分配是投资的第一步，也是最基础、最关键的一步，如果资本配置不合理，那么投资的风险就会增加，投资的效率则会不断下降，这对投资人、投资机构、企业以及股东来说，无疑会产生很大的负面影响。

防止内部员工造假，加大监督和惩罚力度

“在最近几年，还有很多银行，他们里面这些人员行为失职或者操作不当。当然我不能讲只有富国银行一家银行这么做，你读他们的年度报告的时候，他们也讲了一些道德及一些风险，富国银行的股东们也付出了非常大的代价。高盛也付出了几十亿的代价。”

——巴菲特

富国银行是美国最大零售银行，它在小微零售业务、交叉销售模式（对客户进行捆绑销售）领域取得了惊人的成就，并且成为全球银行开展零售和小微业务的榜样。但是2013年，富国银行假账户的丑闻开始被媒体揭露，当时一些银行雇员在未经客户允许的情况下，开通了数百万个借记卡和信用卡账户，并且将部分客户资金转移到这些未经授权的新账户上，这样一来直接导致那些客户原有账户因资金不足或透支而被迫

缴纳更多费用，据说这些费用在数百万美元以上。这些举动一方面使得客户的敏感个人信息被非法滥用，另一方面则损害了一些顾客的信用评级，富国银行却因此获得了数百万美元的费用和利息。

2016年，丑闻彻底大爆发，富国银行被指至少虚开了200万个零售端存款和信用卡账户，造成了大约33亿美元的损失。美国监管机构给予了其1.85亿美元的罚款。然后事情并没有完，美国司法部与美国证券交易委员会也开始调查，使得富国银行面临着很大的生存压力。在2020年2月份，富国银行最终与美国司法部、美国证券交易委员会达成和解，就假账问题付30亿美元的处罚金。

面对这样的损失，巴菲特自然很愤怒，作为富国银行的投资人，他在2018年年底还持有将近10%的富国银行股票，价值约为220亿美元，但是他并没有打算抛售全部股票，反而觉得富国银行有能力处理好这一次的危机。自然而然，他觉得公司必须尽快处理这些错误，因为这些错误本身是无法令人容忍的，它会摧毁银行的信誉，直接影响股东和员工的切身利益。

在2019年的伯克希尔年会上，有人就谈到了伯克希尔公司对于富国银行造假问题的看法，巴菲特当时就提出了自己的观点，他认为一家企业在经营业务的时候，管理者需要保持最基本的道德素养和职业素养，无论是内部出现了错误还是管理者制定了一些非常不合理的措施，公司都应该立即采取行动。巴菲特意识到在过去几年时间里，出现了很多类似的造假事件，很多管理者甚至在明知道有人犯错的情况下，继续隐瞒下去，防止丑闻爆发，这会让整个伯克希尔公司的股东和员工利益受损，所以在发生一些事件时，巴菲特的做法就是当机立断，采取行动，让审计团队来调查和处理这些事情，只有及时披露这些信息，才能够将错误及时制止。

巴菲特的观点很清晰，那就是一家优质公司必须保持透明的、诚信的状态，这既是对客户负责，对股东负责，也是对合伙人负责的表现，而造假行为是令人无法容忍的，因为它会直接影响到所有人，尤其是损害股东和客户的利益，他们是公司运作的重要力量，如果连他们的收益也会受到影响，那么这家公司的管理以及运作会出现很大的问题，股东可能会失去信心。

多年来，巴菲特始终坚持合伙人原则，他将伯克希尔公司当成自己、芒格以及其他股东的共同事业，因此一直都坚持诚信经营的原则，可以说几十年来，巴菲特拥有良好的信用记录和经营名声，这些都成为伯克希尔公司吸引众多投资者进行长线投资的因素。

其实，资本市场上的竞争非常激烈，稍有差错可能就会陷入困境，甚至从巅峰跌到谷底，这就是资本市场上的造假者和操纵者往往会将自身推入陷阱的原因。此外，随着资本市场体制越来越完善，造假的人将会面临巨大的惩罚，这也是最近二三十年来日益完善的事情，几乎所有被揭发出来的造假事件都会引起轩然大波，并直接导致公司股价大跌。

不过，在利益驱动下，还是会有人不断挑战底线，这种挑战对于任何一家企业来说都是自杀式的行为，一个优秀的管理者绝对不能纵容这些行为的发生，一旦内部有人试图造假，无论有什么动机，都要直接给予严惩，并且及时制止错误扩大。投资机构要重点关注哪些企业存在财务造假或者其他类型的造假行为，尽量避免投资这一类企业，这也是对其他合伙投资人或者其他的股东负责。

对于整个公司来说，第一，一定要强化体制的约束力，当发现内部员工为了私利或者业绩而造假时，必须做到“第一时间发现，第一时间处罚”，而且处罚的力度要大一些，绝对不能姑息这些造假行为。

第二，公司应当改善内部的员工考核体系，将道德考核纳入考核体系之中，那些道德分不高的员工尽量少用。公司应当强化内部的道德培训，提高员工的道德水平。

第三，公司要强化管理者的监督职责，公司对于造假员工的直接负责人也要追究责任，这样做可以强化内部的监督和管理体系，提高内部的管理质量。其实，公司的管理都是基于人的行为，并不容易进行衡量，因此人们需要花更多时间对管理工作进行评估，它会对今后的金融业绩给出早期的警告。如果对管理层的工作进行仔细观察，就容易发现衡量相关管理工作价值的线索，这种对管理工作的衡量要早于对公司财务报告的衡量。一个完善的衡量体系至关重要，它能够有效减少内部的造假行为。

管理人员要保持诚信

“在评估人时，你要看三种因素：品格、智慧和活力。如果少了品格，另外两项会害了那个人。”

——巴菲特

1991年，所罗门兄弟公司的一位国债交易员在操作中做出了一些违规行为，而当时所罗门兄弟公司的CEO和管理层却没有将这件丑事告知监管方，结果当监管方查到这一笔违规操作时，决定对所罗门兄弟公司处以重罚，当时美国财政部也因此下达了最严的一条禁令，直接剥夺所罗门兄弟公司竞标美国国债的资格。

这对撒了谎的所罗门兄弟公司无异于灭顶之灾，当时伯克希尔公司是所罗门兄弟公司最大的股东，巴菲特甚至还是该公司的董事，他自然能够明白其中的危机对伯克希尔乃至整个美国金融体系产生的影响。在危机面前，巴菲特临危受命，成为所罗门兄弟公司的临时董事长，而他当时做了两件事：第一，就是要求所罗门兄弟公司必须要对监管部门以及媒体完全坦诚，说出所有的实情；第二，直接调用了自己在美国政界和投资界的所有关系，然后以自己的名誉做担保，直接呼吁监管机构调整执法力度，因为一旦所罗门兄弟公司破产，受害的不仅仅是伯克希尔，而是整个美国金融体系。在巴菲特诚实的表现下，美国财政部最终同意放所罗门兄弟公司一条生路。

多年来，巴菲特对于那些能够完整翔实地报告公司运营状况的管理人员非常重视，这些人不会借着一般公认的会计原则进行掩饰，无论是好的业绩还是糟糕的财务报表，他们都会分享出去，并且勇于承认自己的错误，对于股东更是能够保持最基本的坦诚态度。正因为如此，伯克希尔公司的年度报告一直都是保持公开的，巴菲特会详细列出伯克希尔子公司的盈余情况，为股东提供一些可用来分析公司运营情况的资料，无论伯克希尔公司的经济现状和管理成果是好是坏，他都会直接公布出来，就像他过去承认自己在纺织业和保险业面临的困境一样，承认自己在管理方面的疏忽与错误。他不喜欢造假，不喜欢像其他上市公司那样痴迷于一个虚假的繁荣，他常常用这样的话来警示自己和其他管理人员：“误导他人的主管，最后也将误导自己。”

保持诚信往往很困难，尤其是对那些上市公司来说，他们为了安抚股东，为了吸引投资者，为了强化自己在市场上的形象，通常会借助一些不光彩的手段，他们对财务报表的粉饰已经成为一种常规的手段，有的是直接造假，有的喜欢报喜不报忧，有的则通过一些另类的、不科学的会计原则进行分析。对于他们来说，让公司的报表看起来更好看一些，无疑会坚定股东的信心，会赢得市场的关注。但不诚信的操作往往会埋下各种隐患，尤其是当企业的发展遇到很大的问题时，错误将无法遮掩住，并且会以更猛烈的方式爆发出来。

在资本市场上，诚信是一个最基本的原则，因为企业的发展与股东、合伙人、客户之间的关系都非常紧密，资本的往来会将大家结成一个利益共同体，尤其是对股东来说，他们对于公司的发展有知情权，一个诚实的管理者无疑会让股东们感到安全，而这种安全感恰恰是建立信任的关键。股东都希望自己投资了一家好公司，而不是仅仅在表面上看起来很好而已的公司。不诚实的管理者可能会暂时蒙蔽市场、欺骗股东，但是从长远来说，公司会失去市场的信任，这样的企业往往很难获得持续的发展。正如巴菲特常说的那样："建立好名声需要20年，毁掉好名声只需5分钟。若能虑及于此，行事就会不同。"

对于任何一家企业来说，想要真正赢得市场的信任，首先，就要练好内功，努力提升自身的盈利空间，在技术研发、市场地位与开拓、服务水平等多个方面下功夫，提升企业的内在价值，这样就可以减少更多的造假行为。公司会出于自身利益的保护，对任命的管理者进行施压，或者管理者本人也会倾向于保护公司的利益，因此从一开始就会表现出不完全的坦诚。对于这一点，一方面要寄希望于相关的监督部门给予监督和审查，另一方面，公司内部最好也设定一些独立的监察机构，这些监察机构可以在股东大会内部构建。

其次，企业要培养出诚实守信的管理人员，管理者一定要德才兼备，既具备强大的管理能力和操作能力，也拥有良好的道德素养，能够真正为股东和公司服务。需要注意的是，公司需要建立一套比较完整的管理人员培训体系和评估体系，在这套体系中，管理人员的个人能力不再是唯一的考量内容，公司必须将道德品质纳入考量范围之内，而且每年都要公布管理人员在道德方面的评分，让股东们知晓相关的评分情况。

对于管理者本人来说，诚信的态度应当从一些基本的工作当中体现出来，比如如实公布公司的现状，无论业绩好坏都要让股东知道内情，不能瞒报、谎报、漏报。在公司的年度报告中，管理人员应该将那些最重要的数据和资料原原本本地呈现出来。管理者对于自己的工作也要做一个基本的汇报，主动对自己的工作进行合理评价，将自己做得出色的地方分享给股东们，以此来增强股东对公司的信心，增强股东对自己管理工作的信心。但管理者不能总是报喜不报忧，对自己做得不到位的地方，对自己犯下的错误要勇敢承认，并且主动承担相应的责任和批评。

在巴菲特看来，好的经理（管理者）应该表现出主人翁的姿态来把握公司的主要目标：增加股东的价值。而且他们能够做出更理智的决策来强化这一目标。但这一类评判有时候会显得过于肤浅，毕竟任何一个经理在上任之后，都会宣誓为股东的利益而做出努力，但他们是否意识到自己要为这句话负责，是否有能力为这句话负责，就不得而知了。为了避免评估工作流于形式，巴菲特认为管理人员除了要表现出诚信投资和坦白的态度之外，还要坚持理智原则和抵制机构的强迫命令的原则。

所谓理智原则是指管理人员的操作，通常来说，管理者的职责是将这些收益重新投回公司，确保股民获益，但是一旦收益不能以高比率的形式进行再投资，管理者就需要采取恰当的方式进行调整。比如管理者可以选择直接忽略这个问题，又或者花钱购买那些成长股，可是这两种方式都可能会给后续的投资带来较大的损失。真正理智的做法是直接将钱返还给股民，让他们有机会将钱投资到自认为高收益比率的项目上。

所谓抵制机构的强迫命令原则，主要是强调管理人员的独立性，很多经理缺乏独立思考的能力，也缺乏独立做出判断和决定的勇气，什么事情都听从公司高层的建议，任何情况下都坚持等待高层的指令行事。又或者坚持“领头羊策略”，看看领先者在投资和管理的过程中如何做出决策，然后坚持跟随策略。这些行为都容易引发一些不合理的决策，对公司的危害很大。一个优秀的经理必须保持独立思考的能力，必须按照理智和逻辑来做出合理的判断，更科学、更自信地掌控投资策略，争取确保公司利益的最大化。

总的来说，只有在市场监控层面、企业自控层面、管理者自我觉悟层面入手，才能打造出一个更加稳定的、可靠的诚信管理体系，才能够让股东真正对企业的经营管理状况放心。

只有大胆放手，才能实现管理上的控制

“我们希望我们的经理人能够做正确的事情，给他们非常大的自由度去大施拳脚。我们不会花更多时间和精力准备这样的报表，或者试图在ESG评价上面取得更好成绩，其他人会做这样的事情。我们相信我们的经理人，也相信我们的绩效就是我们做得最好的一些工作。”

——巴菲特

在伯克希尔公司内部，巴菲特就是一个精神坐标，也是一个实际的控制人，甚至很多人觉得，在整个伯克希尔公司内部，巴菲特大权在握，亲自负责所有重要的投资，但事实并非如此。在管理伯克希尔公司时，巴菲特更多地显示出了一种“无为而治”的管理智慧，他通常都不会将所有的决策权牢牢掌控在自己手中，让最合适的人去做出最合理的决策永远是他的第一选择。

比如在投资亚马逊这件大事情上，他就没有参与进去，他本身一开始是反对投资亚马逊的，虽然也曾后悔错过了机会，但是始终没有勇气购买亚马逊的股票。可是旗下子公司的两位经理对亚马逊的发展进行分析之后，觉得投资亚马逊还是有利可图的，尽管价格有点高，但是相比于其他一些公司的股票，这样的价格是可以接受的，因为亚马逊的发展前景更加明朗，两个人“开始看的是他们了解哪些是这个公司在发展的时候已在做的调整，以及做的估算，之后得到销售的结果。现在的边际报酬，还有一些有形的资产、更多的现金，所有的方方面面因素都能进行计算，而收集到符合它的抉择而做的决策”，最后将方案交给巴菲特，巴菲特同意了这个投资的决策。

巴菲特多次强调，“这两位经理（投资了亚马逊）是非常非常聪明的，对伯克希尔进行了完全的承诺。所以，我不会猜测他们做的这些决策是不对的，查理也不会猜测说他们做的决策是不对的，或者是有任何疑问”。

在很多时候，巴菲特在伯克希尔公司都是保持一副“清闲”姿态，他将公司的业务和子公司交给那些更专业的经理人打理，他相信他们拥有出色的战略眼光，可以将各项业务打理得当，一般情况下，巴菲特不会对他们的工作进行干涉，甚至很少做出什么指示。这种工作模式源于几个要素：第一个就是巴菲特本人不贪图权势，不独裁管理，他愿意给予其他人更多表现的机会，而不是自认为可以掌控一切。第二个是巴菲特所决定的人选都是一些拥有出色管理能力的人，巴菲特相信他们能够胜任自己的工作，因此不会去进行干涉。第三个是那些相关业务的负责人基本上都打算长期持有伯克希尔公司的股票，他们和巴菲特以及整个伯克希尔公司属于“同呼吸、共命运”的关系，他们基本上会从公司发展的角度出发来做出合理的决策，这一点是巴菲特比较放心的。

试图让将近90岁的巴菲特管理一个5000亿美元资产的商业帝国是不现实的，考虑到这家公司旗下的众多子公司以及众多投资业务，巴菲特如果不安排更多有能力的专业人士去做这一切，那么他一方面会犯下更多的错误，另一方面则会让整个公司的管理陷入困境。当巴菲特采取放权的姿态时，他便可以轻松控制好这个庞大的商业帝国。放权并不意味着什么也不去管，事实上，他在投资一家企业的时候，会努力成为这家公司的最大股东，这样做的目的就是让伯克希尔拥有最大的控制权。巴菲特本人并不喜欢干涉管理层的工作，但是他必须成为公司幕后的推手和策划人，他会寻找到最合适的管理者来负责运营和投资。可以说巴菲特的放权是有一个基本前提的，那就是掌握控制权，如果他觉得某个管理者能力太差，觉得某个领导班子难以带领企业获得长远发展，就会更换人选，只不过在具体事务中，他不会过问，既然选择了理想的人选，就会给予对方足够的管理权限。这是其他投资者无法做到的事情，他们更多时候只是入股，而没有左右一家公司发展的能力。

对于那些享有企业控制权的人来说，放权是一个非常重要的管理策略，也是一个明确的管理信号，它带来的实际意义在于让更多有能力的人参与到企业运营和建设当中来，它有助于推动企业文化的建立，有助于推动管理体系的完善。类似的放权策略是一家公司保持活性的关键，也是企业创造力的来源，更是资源合理配置的前提。乔布斯手底下有9个管理人员分担各部门的管理任务，现任CEO库克曾是供应链和库存管理的专业人士，负责销售；斯科特·福斯特尔负责iOS系统的设计；乔纳森·艾维负责苹果公司内部的产品设计，像MacBook、iPod、iPhone、iMac G3、PowerBook G4、iPad等产品都是出自他手；荣·约翰逊则成功说服乔布斯组建苹果零售店，成为苹果零售店模式的奠基人；鲍勃·曼斯菲尔德负责Mac和iPhone两个部门的工程事务，是苹果电脑和手机研发生产的负责人；彼得·奥本海默主要负责管理公司的财务系统；菲尔·席勒负责广告营销和产品推广；布鲁斯·赛威尔负责苹果公司的法律事务和治理事务；杰夫·威廉姆斯负责产品质检。乔布斯对这9人的放权成就了苹果公司的发展。

在企业管理中，领导者往往习惯于按照自己的意愿行事，但是个人的能力和视野是有很大局限性的，他们需要下放自己手中的部分权力，让一些更专业的人来处理不同部门的事务，这是提高运营效率的保障。那些过度集权的公司，通常都会在管理中产生一种矛盾，那就是当领导者试图掌控更多东西的时候，更多东西反而会偏离轨道运行。对于出色的领导者来说，他要做的是管理人，而安排最合适的人在最合适的岗位上无疑是最重要的管理工作，有人必须站出来负责研发和生产，有人必须在对外事务中发挥更大作用，有人必须在市场营销方面做到更好，有人需要在财务和人事管理方面保持高效。一个人是无法掌控一切的，挑选各部门、各岗位上最有能力的人，才是领导者管理的核心任务。

对于领导者来说，放权的关键在于下放具体事务的管理权限，对于大的方向和总的目标、纲领进行把握，就像巴菲特一样，如果他对管理者的要求是把握那些净资产收益率达到20%的企业，那么具体是哪一家企业，具体该如何运作就属于专业负责人的工作，他不会对相关负责人的决策进行干涉。通常情况下，子公司的负责人会将自己的决策做一个汇报，巴菲特如果觉得这些决策符合伯克希尔公司发展的需要，就会选择同意。

在谈到放权的话题时，其实涉及的一个问题就是企业内部的强制性力量，这种力量在机构中普遍存在，而且当它占据主要位置时，理性就会被压制住。而强制性力量的根源就是战略性规划，战略性规划可能会剥夺管理者的、理性操作和对资金分配的洞察力。这种强制性力量体现在一些强制性的、起到阻碍作用的制度，它可能会打破内部的决策平衡，以至于哪怕它们提出一些不合理的规划，也会赢得下属的支持。

优秀的企业家和管理者拒绝将战略性规划当作一种领导手段，而是采取“资金调拨”的方式来抵制和化解强制性力量，通过一些能够打造主人翁精神理念的企业文化来进行领导，给予下属更多的权限，使他们可以真正形成强大的工作动力。

把自己当成经营者，才会成为更好的投资人

“我是个好投资家，因为我是个企业家。我是个好企业家，因为我是投资家。”

——巴菲特

对于巴菲特来说，一个出色的投资人，首先应该是一个出色的经营者，或者说应该将自己定位成一个经营者，他拥有出色的管理理念和强大的判断分析能力，能够看穿一家企业真实的投资价值，能够最大化地进行资源配置，尤其是进行资本配置。当巴菲特巧妙地将企业家的定位和投资人的身份结合起来时，自然就可以在企业管理和投资方面做到游刃有余。

世界上有很多杰出的企业家，像乔布斯、扎克伯格、布林、马斯克、比尔·盖茨、贝佐斯、马云、任正非，这些伟大的企业家打造了伟大的企业，但是他们却不善于投资，至少在投资领域做得并不算出色。也有很多优秀的投资家，通过投资一些优秀的公司和项目积累了很多的

财富，但他们却无法创立一家伟大的公司，无法像在投资领域那样成功管理一家公司。相比于那些有钱人，巴菲特的确是将投资与企业管理结合得最棒的那一个人。虽然本质上他是一个投资人，但是如此从容不迫地掌控拥有5000亿美元财富的伯克希尔，这可不是谁都能够做到的。

巴菲特给自己的投资活动注入了很多优秀的企业管理理念，注入了很多优秀的管理原则，投资的规模与宏观上的布局，都具有典型的企业家特质。在伯克希尔公司内部，他就是掌舵人，尽管他所能做的似乎并不多。但基于企业家的管理基因以及管理的职责，巴菲特有效地将投资变成了企业管理的盈利项目之一，就像生产和营销一样，而这种强大的理念对于任何一个投资人来说都至关重要。

比如，许多投资者或者企业只关注于收购其他公司，但是根本不会用心进行管理，他们往往和银行相互勾结，银行关注的是这样的收购是否会立即提升该公司的每股收益，而收购者们也是如此，他们也期待着在收购中得到自己想要的收益。这些收购者惯用的手法就是，利用自己的人格魅力、市场推广能力以及一些特定的会计计算方法，确保将公司股价推到一个较高的市盈率上，然后以最快的速度发行新的股票来募集资金，而这笔资金会用于收购那些市盈率更低一些的公司。收购完成之后，就会将两家公司的利润进行合成处理。这样一来，虽然公司的内在价值基本上没什么变化，但是每股收益不断增加。他们会告诉其他投资者（股东），自己可以依靠这样的方式循环下去，提升公司股票的每股收益。

许多喜欢收购子公司且快速扩张的集团公司，都会安排会计来进行类似的操作，打造非常漂亮的报告，从而让股东们对公司的发展情况放心，而事实上，这样的公司可能正面临非常糟糕的运营状况。一旦情况变得更差，收购者们会直接甩卖掉这些子公司，以确保自身的利益不会受到太大的损害。

相比之下，巴菲特会将投资的企业当成自己的企业来对待，而这种认同的基本表现形式就是长线持有股票，“拥有股份就是拥有那家公司”的理念促使他会做出更多有利于标的的举动。他曾这样告诫投资者：“希望你不要认为自己拥有的股票仅仅是一纸价格每天都在变动的凭证，而且一旦某种经济事件或政治事件使你紧张不安，就会成为你抛售的候选对象。相反，我希望你将自己想象成为企业的所有者之一，对这家企业你愿意无限期地投资，就像你与家庭中的其他成员合伙拥有的一个农场或一套公寓。”

与那些造假者相比，巴菲特更像是一个经营者，他会通过长期持有的方式来给予那些被收购公司、被投资公司有力的承诺，这种承诺恰恰是伯克希尔公司最能打动市场的原因。那些尝试着将企业转让给伯克希尔的人会意识到伯克希尔将会确保这些企业可以在一个非常稳定安全的环境中持续运营下去。在面对被收购的企业时，巴菲特会用心经营，站在企业经营者立场上去想问题，并注重企业发展的长期利益，尽可能提高这家公司的盈利，而这对整个伯克希尔公司以及股东都是非常有利的。正是因为这种思维，巴菲特以及伯克希尔公司的投资产生惊人的回报。

打造一个去中心化的管理模式

"一个公司如果有太多的领导层，反而会分散大家的注意力。公司规模（过大）还会令许多组织变得思维迟钝、不愿改变和自鸣得意。"

——巴菲特

伯克希尔·哈撒韦公司投资了很多项目和许多优秀的公司，但这些投资带来收益并不是最重要的，伯克希尔公司更多地依靠子公司创造的利润，这些利润比投资获得的收益要多得多。如果对这些全资或者准全资拥有的子公司进行分类，就会发现伯克希尔公司的业务扩张离散性非常强，旗下包含了铁路、航空、保险、传媒、能源、厨具、珠宝、建材等多个领域。这些子公司的增长率在所属行业中一直都是数一数二的存在。

按照科斯的企业规模理论，当企业不断扩张的时候，母公司会从扩张中获得协同效应的好处，子公司的扩张会带动母公司的扩张，与此同时，也会因为子公司扩张而带来组织成本上升的坏处。当一家企业扩张到足够大时，规模效应带来的效益开始递减，而组织成本的负担则不断加重，这样的情况使得企业不可能无限扩大规模。优秀的企业会在组织成本上升与规模效益递减之间找到一个均衡点，确保企业不会出现大的发展问题。

由于缺乏协同效应，许多扩张的子公司不仅不会带来效益，反而会拖后腿，所以企业通常会将那些缺乏协同效应的扩张表现当成败笔，并尽量避免出现类似的情况。但伯克希尔似乎逃脱了科斯的企业规模理论，它一直都在努力扩张子公司，并且表现出了令人不可思议的离散性。多年来，伯克希尔的业务和盈利都很惊人，完全没有受到扩张的影响，谁也说不清楚这家大公司扩张的界限在哪里。不仅如此，巴菲特大胆进行革新，只安排了25个人来管理偌大的一家公司，完全不担心企业运作会失控。

巴菲特在管理企业方面拥有很独到的见解，他提倡打造去中心化的总部，减少组织上的摩擦。他曾经说过，企业在扩张的过程中会导致信息交流出现困难，这个时候为了维持沟通的效率和信息的传输，企业就需要额外支出一大笔钱来打造各种信息渠道，并且维护这些信息渠道的运转，这些开支就是企业内部的摩擦成本。此外，当企业持续扩张时，总部为了强化管理力度，其扩张速度要大于企业规模扩张的速度，如果总部无法快速扩张，可能就会在管理上失去控制力。

在降低摩擦成本的时候，巴菲特尽量减少总部的管理人员，将资源调配、人事安排、目标搜索、年度报告撰写等核心工作安排在总部，至于横向的各个业务单元以及纵向的一些职能活动，都没有专门独立出相关部门来处理，这样做就有效缩减了组织机构，以确保整个组织机构尽量保持简化的、高效的工作风格。

在管理中，许多企业都会被规模扩大带来的负效应所捆绑，毕竟当企业规模扩大一倍之后，不仅仅是人增加一倍，可能沟通渠道要增加两倍，组织机构要增加两倍，更重要的是整个公司运作的流程也要被迫增加两倍甚至更多，伴随而来的往往就是管理队伍的极速扩张，毕竟为了维持正常的流转，企业不得不安排更多的人参与到管理当中。可是一旦机构与管理人员增加，内部的消耗也会增加，甚至阻碍内部信息的正常流转。

巴菲特看到了一些跨国公司的管理弊端，于是对伯克希尔进行改革，尽可能减少组织和人员，然后将权力下放到子公司的负责人，无论发生什么事情，伯克希尔子公司的负责人都有足够的自由在任何时间与任何人开展必要的合作。此外，伯克希尔公司并没有给各家子公司设定指标和任务，也不会强制它们完成总部的特定要求，子公司的CEO对公司拥有主导权，可以自己设定目标。对于那些表现不好的子公司，伯克希尔也不会抛售和放弃它们，伯克希尔公司会选择长期经营，直到公司自己倒闭。

不过放权的同时，巴菲特注意将现金流控制在总部，各子公司产生的现金流都要集中到总部来处理、分配以及再投资。这样就避免了组织管理的混乱无序以及摩擦。

这种去中心化的策略释放了伯克希尔各子公司的活力，它们可以在最专业经理的引导下拓展业务，并且能够提高内部的运作效率，有效规避了大型公司常见的官僚主义，以及官僚主义所带来的高昂财务成本。事实上，在伯克希尔公司，巴菲特几乎从来没有站在全局来对公司进行一次总体上的规划，按照芒格的说法，“任何试图做出这种计划的人，我们都会毫不犹豫地开除他，因为这样一来，公司的发展需要保证它自己能够自然生长的同时，不会考虑到各种新的现实状况。我们想要大家都考虑到最新信息”。

很多传统企业的内部管理都是采取集中式管理的模式，这种管理模式的显著特点就是产品标准化、运营流程化、决策权威化。公司会运用一些强权的管理模式和集中化的工具来实现核心层的掌控力，诸如KPI（关键绩效考核法）就是常用的工具。当企业内部的核心控制力表现得越强，当集中管理的倾向性越明显，整个公司就越容易因为高压管理和标准化、流程化作业而失去必要的弹性。

现在有很多优秀的企业都非常崇尚蜂巢模式，整个公司就像一个蜂群一样，CEO是公司中的蜂皇，而其他干部和员工属于工蜂，大家各司其职，并且拥有自己的决策权，但所有工蜂几乎都在为整个蜂群的利益服务，大家都在一双无形的手的控制下井然有序地行动。这是企业文化的指导作用，也是去中心化管理模式的一种效果，在蜂巢模式中，组织架构的存在会被冲淡，大家不需要等待中央下命令，不需要等着各层级机关进行审核，体系中的每一个人都有自由选择的权力，但又都在为团队的共同目标而奋斗。

从某种意义上来说，去中心化管理模式既是一种组织上的变革，也是一种企业文化的变革，组织上的变革在于从形式上打破了传统的层级束缚和部门墙，为整个企业的内部交流和运作提供了便利，而企业文化上的变革则强调了文化的引导作用，它可以在内在的价值观和管理氛围上引导团队形成一股合力，帮助企业中的所有人找准自身的定位、明确自身的职责，并且选择合理的方式工作。正如巴菲特所说："我们之所以选择这些经理，是因为他们了解我们公司的文化，也许我们还有第二、第三、第四代，就像阿拉斯加家具公司还是一直沿袭它传统的文化，不是每个人跟我们的思路都一样，我们当然也尊重独特的意见以及想法，但是我想透过不同的视角观察所有的事情，找到一致是不容易的，我们希望能够有一个共同的而且是坚实的文化，这就是伯克希尔希望的结果。"

在伯克希尔公司，经常会开展午餐会，大家坐在一起讨论午餐会文化的议题以及价值，所有参与者都在努力推动这些会议的进行，并且巴菲特承诺这类午餐会会一直持续下去。在巴菲特看来，很多企业或者产品可以直接花钱收购，有些生活必需品也可以花钱买到，但是对于企业文化来说，基本上只能通过内部打造的方式建立起来，企业文化很重要，但是让所有人都认同企业文化并不容易，或者说打造一种让大家都认同的企业文化很难，因为每个人都有自己的想法和价值观，每个人对于投资、管理都有自己的认知模式，这就导致了工作中可能会出现一些相互不理解的情况，有些人对于其他人的行为表示不理解，也不会百分之百赞同其他人的想法。面对潜在的分歧，打造一种更具凝聚力和向心力的统一文化非常有必要，这种文化的建立需要循序渐进，需要在大家相互了解、相互磨合中慢慢改善，当企业文化建立起来之后，大家的行动就更容易统一起来，所有人都会为企业发展的共同目标而努力，并且保持一致的方向。依靠强大的企业文化，可以更好地建设去中心化管理模式，企业往往也可以在一个更加高效的机制中运作。

培养出色的接班人

> "查理和我早就进入'紧急区域'了。这对我们来说不是什么好消息。但伯克希尔的股东们不用担心：你们的公司已经为我们的离开做好了百分之百的准备。"
>
> ——巴菲特

自从20世纪60年代以来，巴菲特一直就是伯克希尔的实际掌控者，伯克希尔的重要投资、投资方向、投资理念、商业模式都是巴菲特打造的，可以说伯克希尔最大的标签就是巴菲特，还有那个隐藏在幕后的重要搭档查理·芒格。可是随着巴菲特和芒格老去，关于巴菲特和芒格的接班人问题也提上了议事日程，尤其是考虑到了2020年，处在巴菲特90岁的高龄以及芒格迎来96岁高龄的特殊情况下，伯克希尔急需有能力的继承人来接管经营重任。

其实，巴菲特很早就开始考虑继承人的问题，并将其作为人力资源管理和战略管理的一部分，在2019年的伯克希尔股东大会上，巴菲特就打趣地说，“我们也考虑把他们带到台上，我们4个人坐在这里接受提问。这个形式还没有完全确定下来，因为我怕我和查理在他们俩面前太寒酸，这两个人长得实在太好看了”。

在这里巴菲特提到的两个人就是阿吉特·贾恩（Ajit Jain）和格雷格·阿贝尔（Greg Abel），而在2018年的时候，巴菲特就已经为两人在公司里的上位铺路，为此还特别进行了董事会改组，将原先的12人增加到了14人。其中阿吉特·贾恩和格雷格·阿贝尔被任命为董事会副主席，两人分别管理保险业务和非保险业务。巴菲特在接受采访时表示“这是继任计划的第一步”。

在2020年致股东的信中，巴菲特再次谈到了这两个人，并且特意在股东面前做了一下强调：“让我们的两位关键运营经理阿吉特·贾恩和格雷格·阿贝尔在会上有更多的曝光机会。他们是杰出的人，无论是作为管理者还是作为个人，你应该多听听他们的意见。”芒格认为这两个人都是世界级别的管理者，他们的能力被大大低估了，或者说因为巴菲特和芒格两个人的光芒太耀眼，其他人都被淹没掉了。

巴菲特对于继承人的要求非常严格，无论是能力、思维，还是品德，都要符合自己的标准。2000年的时候，外界炒作NetJets私人飞机的创始人Richard Santulli是伯克希尔公司的候选继承人之一，可是2009年，他就宣布辞职了。也有媒体曾预测大卫·索科尔（David Sokol）将接任巴菲特的职位，但2011年，他因为内幕交易违反原则而被迫离职。

对于继任者，巴菲特还要求对方必须拥有一些生理优势，比如身体健康，足够长寿，正好是保持伯克希尔公司稳定发展的前提，试想一下，如果继任者的寿命不长久，那么公司就不得不频繁更换人选，这对伯克希尔的发展极为不利，因此选择那些不到70岁的人，是巴菲特的一个潜在标准。

无论如何，巴菲特和芒格都有意向尽快选出合格的继任者，这关系到伯克希尔公司未来的发展以及股东的权益，可以说巴菲特毕生的心血最终都要回归到继任者的问题上，如果继任者不够格，那么伯克希尔公司很有可能会快速走下坡路。其实，不仅仅是伯克希尔公司，任何一家公司都会面临继任者的难题，乔布斯选择了库克，但库克至今在创新能力上似乎丢掉了苹果公司一直以来的领先优势，通用电气在杰克·韦尔奇卸任之后也遇到了一些麻烦，IBM在更换接班人之后更是跳出了科技一线，虽然这些公司的发展问题不能完全归咎为继任者能力不行，但继任者在管理上的确负有一定的责任。

那么企业究竟应该如何培养和选择接班人呢？首先，最重要的就是一致性，接班人应当和前一任在发展问题上保持大致相同的看法，不能把企业的发展带到其他道路上。具体来说，接班人必须和前任保持一致的发展方向、战略目标和企业文化，发展方向和战略目标代表了企业的未来，企业文化则是企业发展的内在连接，是企业保持发展的连贯性和基业长青的基础。巴菲特要求继任者继续保持长线操作的风格，继续持有可口可乐公司和吉列公司的股票，继续采取价值分析方法来选股，继续看重保险公司的浮存金，同时要尽量避免触碰一些不了解的行业。在管理上也要坚持精简组织的原则，不要让官僚主义腐蚀伯克希尔公司的管理层。

其次，要给予接班人一段观察和培养的时间，考虑到接班人对于公司的一些运作方法不甚了解，而且也很难完全说服股东，因此公司需要花费时间来培养接班人，让培养人接受更多的历练，积累接班的资本。巴菲特几乎在二十多年前就开始做了布局，也对相关人员进行培养与考核，其他企业也同样如此，如果想要让新人上位，那么就要给接班人以及公司更多的时间，时间是最好的试金石，可以帮助公司股东更好地了解潜在的候选人。

再者，要设定一个过渡期，权力的交接往往不能在仓促间进行，最好的方式就是设定一个过渡期，管理者可以一边工作，一边逐步交接权力，先从一些边缘权力开始交接，然后逐渐过渡到核心权力。这样做一方面可以避免引起内部的动荡，另一方面可以在边交接边考核的过程中避免出现选人上的失误。那些几乎一次性就完成领导人交接的团队，往往会经历动荡，因为其他股东和管理人员无法适应这种变化，而且很有可能会对接班者进行排斥，这种快速交接无疑会让内部的工作出现问题。像巴菲特这样让候选人先从事部分管理工作，或者尝试着更多地出现在公众面前，无疑会是一个安全的过渡。

当然，不同的团队和企业在培养接班人的过程中，使用的方式不一样，对于接班者的具体要求也不一样，但大致上的一些要求和考核方法还是一致的，毕竟任何公司都要确保稳定性，除非这家公司已经烂到骨髓里去了，迫切需要安排新的接班者，这种情况下，可能一些快速的、变革性的权力交接会出现。

第六章

巴菲特的自我管理——个人的成功离不开好的习惯

作为一个投资家，巴菲特的成功不是建立在聪明才智的基础上，重要的是拥有超强的自我管理能力，其中培养一些良好的习惯就是自我管理的核心任务。许多人都会忽略习惯的重要性，可是对于优秀的投资人来说，争取从一些小事情做起，培养出良好的生活习惯和工作习惯具有很好的指导和约束作用，人们可以借助习惯的力量获得成功，而巴菲特也正是因为拥有出色的自我管理能力，才可以更好地运用一些工作技巧和生活技巧获得成功。

整理信息并剔除那些不重要的事情

“头脑中的东西在未整理分类之前全叫‘垃圾’。”

——巴菲特

许多人都会抱怨自己没有空闲时间，抱怨自己没有太多的私人空间与私人时间，但真正的原因在于人们都已经习惯了将大量时间用在大大小小各类工作当中，他们缺乏那种出色的时间管理理念和能力。而对于巴菲特来说，尽管自己拥有富可敌国的财富，拥有世界上最伟大的公司之一，但是并不会因此获得额外的时间，想要真正拥有空闲时间，就要自己对时间进行管理和配置。他的做法很简单，那就是有策略地对时间进行合理配置，用不同的方式来处理时间。

比如巴菲特喜欢思考和阅读，他每天都会花费大量时间思考和阅读，这在其他企业家看来完全就是在浪费时间，毕竟他们每天都有开不完的会议，都有见不完的客户和看不完的各种工作报告，加上还要对企业的各项工作进行检查，他们几乎挤不出一点时间来享受自己的生活。而巴菲特却是一个非典型的CEO，他几乎很少开会，很少听取报告，很少同分析师进行长时间的交谈，很少接受媒体采访，很少参加什么社会活动，CEO每一天的正常工作和任务，他基本上都不会去做。

“杀死繁重的工作”就是巴菲特的时间策略之一，将大量时间花在那些普遍都要去做的工作上并不划算，一个超级CEO要做的就是集中精力和时间做那些最能产生价值的事情，去专注于那些最能产生价值的目标。如果放任所有的工作来叨扰自己，那么CEO们很快就会被那些工作绑架，并且永远也挤不出半点自由的时间，因为工作是无限增加的，只要想做，那么工作就会自动填满这些时间。最简单也最直接的方式就是删除大部分不重要的工作，也许很多的人都会说CEO的工作没有什么是不重要的，但事实上，在巴菲特看来，假设CEO一天必须去做20件事，那么只需要重点选择其中最重要的2~3件事情去做，然后将其他事情简单处理，或者让下属们去完成。

挑选那些重要信息或者说删除那些不重要的信息，是提高工作效率的关键，这种挑选本身具有很强的针对性，而且是个人生活和工作中非常重要的组成部分。对于投资者以及企业管理者来说，他们每天面对的信息非常多，面对的工作也很繁杂，但并不是所有的事情都值得付出时间和精力，一些低价值以及无价值的事情应该第一时间排除在外。通常情况下，投资人可以在前一晚制订第二天的工作计划，在纸上写出第二天要做的6件最重要的事情，这6件事情可以按照先后顺序做一个标记。为了确保6件事情不会受到干扰，不相干的其他事情一律排除。

而在删除无价值或者低价值信息之前，最重要的工作是对自己接收到的信息进行分类处理。在信息大爆炸的今天，人们每天所接触的信息量很大，这些以碎片化形式存在的信息流无疑会对大脑造成冲击，如果不注意整理和分类处理，那么很多无价值的信息、有害信息、混乱信息就会入侵人们的生活，并影响人们对重要信息的接收，导致人们在繁杂的信息中浪费精力。

巴菲特主张对信息进行整理和分类，那么投资者和管理者应该怎样分类整理进入大脑的那些信息呢？一个重要答案就是思考，巴菲特每天都会花大量时间进行思考，在他看来，思考是一种消化信息的重要方式，可以帮助人们将所接触和学习到的高价值信息整理和吸收，形成自己的知识，这些知识之后又会形成一个知识体系，一个决策的思维框架，它们会指导人们做出正确的决策。

信息的整理和分类非常重要，在信息爆炸时代，信息的焦点容易被模糊处理，人们需要在信息流中做出精确的判断和接收，需要改良自己的信息输出和接收方式，完善自己的信息整理方法。比如投资者可以明确自己要接收哪一方面的信息，要重点关注哪些企业的信息，要关注企业中什么类型的信息，就像巴菲特一样，从过去几十年致股东的信里来看，巴菲特对四类比率最关注，它们分别是净资产收益率、总资产周转率、资产负债率、销售收入和利润增长率，对于其他的内容就能省则省，确保工作可以得到有效精简。

整理信息是一个基础，它是实现信息分流的有效保障，而通过信息的整理和分类，人们可以更加明确地知道自己的信息掌控方向和接收类型，分类之后再进行有效的删除和挑选，就可以将那些最有价值的信息以及相对应的最有价值的工作凸显出来。

不完全信息博弈下的后发制人

“那些最好的买卖，刚开始的时候，从数字上看，几乎都会告诉你不要买。”

——巴菲特

1968年的一个晚上，数学天才爱德华·索普在好友的引荐下认识了巴菲特，得知巴菲特喜欢打桥牌，索普就和巴菲特玩了几把。索普善于数学计算，对于概率分析有着非常强大的优势，而巴菲特对于数字也很敏感，因此两个人在计算和博弈中几乎不分上下。

当两个人的兴致越来越高时，巴菲特询问对方是否玩过三个骰子的游戏，假设有三个骰子，骰子A的六个面都是3，骰子B的六个面分别是6、5、2、2、2、2，骰子C的六个面是4、4、4、4、1、1。巴菲特让索普先选择一个自己认为胜算高的骰子，然后巴菲特选择一个，双方可以赌一赌大小。索普很快就识破了巴菲特的“伎俩”，他发现骰子A对于骰子B有三分之二的胜率，而骰子B对于骰子C有着九分之五的胜率，骰子C对于骰子A也有三分之二的胜率，简单来说，三者之间并没有哪一个具备绝对的优势，就像剪刀石头布的游戏一样。无论索普选择哪一个骰子，巴菲特都可以通过选择另外一个骰子在概率上战胜对方。

巴菲特所说的这个游戏实际上揭露了一个非常普遍的现象，那就是世界上没有哪一种投资方法是万能的，也没有哪一种投资方式是绝对占据优势的，人们总能够找到其他的方法来克制这些方法。可以说，这个世界上没有什么方法是最好的，只有最适合自己、最适合市场的，只要找到自己觉得合适的投资方法就行。这个理念的本质是一种不完全信息状态下的博弈，可以想象一下，如果让巴菲特先掷骰子，那么他是否还会有胜算呢？一旦对方也了解了这三个骰子之间的关系，是否可以采取后发制人的策略呢？

这是巴菲特投资理念中非常重要的一部分，多年来，他强调投资决策要适合自己的发展需求，而不是跟随市场，不是选择与其他大型投资机构保持同一步调。一方面巴菲特有自己的投资领域和想法，伯克希尔也有自己的强项和弱项，不同的人、不同的企业应该找到最适合自己的方式。另一方面就是要把握住市场博弈中信息不完全的特点，毕竟在投资领域，参与人并不完全清楚有关博弈的一些信息。比如有的人想要收购某个企业，可是不清楚对方的底价是多少，这种情况下，他的最佳策略是看看对方的报价是多少，然后依据具体的情况进行分析。

如果对巴菲特的投资模式进行分析，就会发现，在很多时候、尤其是面对一些不确定的市场环境时，绝对不会轻举妄动，而是让其他人先做出决策，他会根据这些决策所起到的效果制定自己的决策。

投资者之间的竞争，其实就是一场信息战，只有更多地了解对手的信息，才能够在决策中占据先机。在商业领域，第一个选择骰子的人通常都没有什么胜算，第二个或者第三个做出选择的人往往会成为最终的赢家。马云不是中国最早的电商人，也许慧聪网的创始人郭凡生才是，但马云却成为中国电商界的标杆人物。比尔·盖茨也不是最早进入互联网的，最早的电脑系统也其实是IBM公司编写的，盖茨却最终成为该领域最出色的天才。同样地，智能手机也不是乔布斯最先发明的，IBM在1993年可能就先拔头筹了，但智能手机的推广却是乔布斯的功劳。

与人们的认知不同的是，很多“第一个吃螃蟹”的人都没能将自己的事业壮大，没能将自己的工作做到位，真正获得成功的往往是第二位或者第三位，因为他们已经在跟随和等待中找到了更好的投资方法，也把握住了最合理的发展方向，并且制定了更为有效的策略。

在一些竞争性的投资中，聪明的投资者有时候懂得先发制人，抢占投资先机，而有的时候会选择先让他人出手，然后根据他人的投资策略、投资方法，制定克制对方的策略，确保自己可以掌握投资的优势。因为市场本身是复杂的，而且容易出现混乱，各种掩饰和假象也容易蒙蔽人们的眼睛，它充斥着各种不完全信息博弈，只不过很多时候人们并没有意识到这一点。真正优秀的投资人和博弈者，会等待最佳的出手时机，而不是盲目抢占先机。

巴菲特曾经说过有关市场博弈的一些原则，比如“别人贪婪时我恐惧，别人恐惧时我贪婪”，其中有一个前提，那就是要让别人先贪婪或者先恐惧，如果整个市场上先做出决定的是巴菲特，那么他的“逆向思维”就会受到制约。纵观他一生的投资，并没有先于他人之前，更多时候，他更愿意分析，这种分析本身就是对信息的搜寻，只有了解更多的信息，他才能够做出更加合理的决策。

在不完全信息博弈中，如何更好地掌握对方的信息，同时借助这些信息制定有效的投资策略，是提高投资成功率的重要方式。与此同时，人们需要明白一点，无论是价值投资、成长投资、量化投资、对冲投资，还是其他投资方式，并不存在一种最佳的投资策略，人们要做的就是依据不同的市场，依据不同的对手，挑选合适的方法，这样才能有效战胜市场。

为了确保自己的投资优势，巴菲特一直都在试图隐藏自己的投资行动，对于一些关键信息，他会选择隐藏，为的就是确保制造一些不完全信息博弈。对于投资的一些关键信息，或者说一些非常好的投资方向与项目，巴菲特总是守口如瓶，即便是在年会上，他也很少公开发表类似的信息。尽管很多时候，一些投资者会公开透明地同其他人分享，但是出于竞争因素以及对公司和股东利益的保护，巴菲特绝对不会将那些最重要的信息轻易拿出来分享，就像他所说的那样，“如果有人在苹果做新产品或者是生产新药，或者是做其他的一些事情，他们也不会马上就公之于众，都是希望慢慢把这些东西做出来，暂时保持秘密。我们也不会把我们每天的情况都公之于世”。

要懂得存钱并及早进行投资

“开始存钱并及早投资，这是最值得养成的习惯。”

——巴菲特

在巴菲特的投资理念中，有一条容易被人忽视，但往往也是最实用的原则，那就是存钱并投资。在巴菲特看来，投资是积累财富最好的方式，而筹集到足够的资金则是进行投资的前提。他建议人们要将存钱当成人生的重要工作来对待，因为存钱是为了积累原始资本，有的人没有钱也会进行投资，巴菲特不喜欢这样，他觉得借贷并不是一个明智的做法。

在现实生活中，许多人都是月光族和超前消费的拥趸，平时会将大部分的工资以及奖金花掉，这些人基本上没有什么存钱的计划和意识，对他们来说，生活就是一个周而复始的简单循环：“挣钱——花钱——接着挣钱”。什么时候钱花完了，自然就有了继续挣钱的动力，或者说钱花掉了可以继续借贷花钱。这些人有一个共同的生活危机：当生活遭遇困难的时候，很可能拿不出一分钱来救场。

巴菲特给年轻人的建议就是存下一笔钱，然后尽早开始投资，存钱使得人们可以在财务上拥有更多的主动性，投资的目的是让财富得到增值，及早投资则是确保投资者能够在时间上拥有优势，比如可以更好地借助复利实现财富的增值，毕竟一个人从20岁就开始投资积累财富，要比一个在50岁开始投资的人更具有优势，复利会在时间的作用下发挥出更大的作用。聪明的人不会等“雪球”滚到半山腰或者快到山脚的位置才出手，这样只会让山坡变短，而受益自然也会减少。正如查理·芒格说的那样：“累积财富如同滚雪球，最好从长斜坡的顶端开始滚，及早开始，努力让雪球滚得很久。”

在这里，存钱和投资是紧密联系的，同时也是可以独立出来进行分析的。

那么应该如何存钱，又该如何进行投资呢?

在存钱方面，投资者需要注意一些基本原则和方法。第一，养成记账的好习惯，每天都要将自己的开支记录下来，看看自己究竟把钱花在哪里了。人们可以设定一个账本，将不同类型的花销记录在册，看看自己哪个地方花钱最多，哪个地方可以进行改善，哪个地方可以选择不花钱。尽量减少一些不必要的开支，减少奢侈消费的比例，提高；资本的使用价值，并确保可以存钱。巴菲特住的是几十年前的老房子，开的是最普通的车，用的是价值20~30美元的三星SHC-U320，从来不会花钱洗车，吃的也是一些非常简单、便宜的食物，汉堡和可乐是他的最爱。他